Singer | Linke, hört die Signale!

[Was bedeutet das alles?]

Peter Singer

Linke, hört die Signale!

Vorschläge zu einem notwendigen Umdenken

Herausgegeben von Sascha Benjamin Fink

Aus dem Englischen übersetzt
von Ute Kruse-Ebeling

Reclam

Titel der englischen Originalausgabe:
Peter Singer: A Darwinian Left. Politics, Evolution and Cooperation.
New Haven: Yale University Press, 2000
[zuerst: London: Weidenfeld & Nicolson, 1999]

RECLAMS UNIVERSAL-BIBLIOTHEK Nr. 19555
Deutschsprachige Ausgabe:
2018 Philipp Reclam jun. Verlag GmbH,
Siemensstraße 32, 71254 Ditzingen

Gestaltung: Cornelia Feyll, Friedrich Forssman
Druck und Bindung: Canon Deutschland Business Services GmbH,
Siemensstraße 32, 71254 Ditzingen
Printed in Germany 2018
RECLAM, UNIVERSAL-BIBLIOTHEK und
RECLAMS UNIVERSAL-BIBLIOTHEK sind eingetragene Marken
der Philipp Reclam jun. GmbH & Co. KG, Stuttgart
ISBN 978-3-15-019555-0

Auch als E-Book erhältlich

www.reclam.de

Inhalt

Einleitung

Die Notwendigkeit einer neuen Grundlage

Im Jahr 1874 las Karl Marx[1] *Staatlichkeit und Anarchismus* von Mikhail Bakunin[2], einem der Begründer des Anarchismus als internationale revolutionäre Bewegung, der mit Marx um die Kontrolle über die Erste Internationale[3] konkurrierte. Marx blieb bei nichts, was er tat, passiv, und bei der Lektüre von Bakunin notierte er sich zentrale Passagen des Buches und fügte dann seine eigenen Anmerkungen hinzu. Das daraus entstandene Manuskript, das Marx nie für eine Veröffentlichung vorgesehen hatte, liest sich wie eine Debatte zwischen dem führenden Anarchisten und dem führenden Kommunisten des 19. Jahrhunderts. Hier ein Ausschnitt daraus:

> [Bakunin:] »Das allgemeine Wahlrecht durch das ganze Volk […] von Volksrepräsentanten und ⟨Beherrschern des Staats⟩ – das ist das letzte Wort der Marxisten, wie auch der demokratischen Schule – Lüge, unter der sich verbirgt der Despotismus der *regierenden Minderheit*, um soviel gefährlicher, als sie erscheint als Ausdruck des sogenannten Volkswillens.«
>
> [Marx:] Auf Kollektiveigentum verschwindet der sogenannte Volkswillen, um dem wirklichen Willen des Kooperativs Platz zu machen.
>
> [Bakunin:] »So Resultat: Lenkung der großen Mehrheit der Volksmasse durch privilegierte Minorität. Aber diese Minderheit, sagen die Marxisten, […] wird aus Arbeitern bestehn. Ja, mit Erlaubnis, aus gewesnen Arbeitern, aber die, sobald sie nur Repräsentanten oder Regierer des Volks geworden sind, *aufhören Arbeiter zu sein*« –

[Marx:] sowenig, wie ein Fabrikant heute dadurch aufhört Kapitalist zu sein, dass er Gemeinderat wird –

[Bakunin:] »und sehn werden auf die ganze gemeine Arbeiterwelt von der Höhe der ⟨Staatlichkeit⟩; sie werden nicht mehr das Volk vertreten, sondern sich und ihre ⟨Ansprüche⟩ auf die Volksregierung. Wer daran zweifeln kann, der [ist] durchaus nicht bekannt mit der Natur der Menschen« […].

[Marx:] Wäre Herr Bakunin bekannt auch nur mit der Stellung eines Managers in einer Arbeiter-Kooperativ-Fabrik, alle seine herrschaftlichen Träume [wären] zum Teufel.*

Die tragischste Ironie der Geschichte des 20. Jahrhunderts liegt darin, dass die Bilanz der Regierungen, die für sich beanspruchten, marxistisch zu sein, zeigt, dass Marx sich irrte und Bakunins »herrschaftliche Träume« düster prophetisch waren. Bakunins eigene Lösung des Problems der Autorität wäre zweifelsohne auch schiefgegangen; wenn er jedoch behauptet, dass jemand, der Ansichten wie die von Marx und seinen Anhängern vertritt, »durchaus nicht bekannt mit der Natur der Menschen« ist, so ist dem schwer zu widersprechen. Marx' Fehler hinsichtlich der menschlichen Natur war auch keine unwichtige Verirrung. 30 Jahre später schrieb Marx in einer seiner gefeierten *Thesen über Feuerbach* (VI):

… das menschliche Wesen ist kein dem einzelnen Individuum inwohnendes Abstractum. In seiner Wirklichkeit ist es das ensemble der gesellschaftlichen Verhältnisse.**

* In: Karl Marx, *Selected Writings* [im Folgenden zit. als: SW], hrsg. von D. McLellan, Oxford 1977, S. 563 [hier zit. nach der stichwortartigen Originalfassung bzw. nach Marx' *Bakunins Staatlichkeit und Anarchie*, in: Karl Marx / Friedrich Engels, *Werke* (im Folgenden zit. als: MEW), Bd. 18, Berlin (Ost) 1962, S. 597–642, hier S. 635].

** [Zit. nach: Karl Marx, »Thesen über Feuerbach«, in: ders., *Philoso-*

Aus dieser Überzeugung folgt, dass wenn man das »ensemble der gesellschaftlichen Verhältnisse« vollkommen verändern kann, man auch die menschliche Natur selbst vollkommen verändern kann. Diese Behauptung berührt den Kern des Marxismus und des weiter gefassten marxistischen Denkens. Aus diesem Grunde wirkt sie sich auf einen großen Teil des Denkens der gesamten Linken aus.

Die Linke braucht ein neues Paradigma. Der Zusammenbruch des Kommunismus und die Preisgabe des traditionellen sozialistischen Ziels des Nationaleigentums der Produktionsmittel durch die demokratischen sozialistischen Parteien haben die Linke der Ziele beraubt, die sie über die zwei Jahrhunderte hochhielt, in denen sie sich zu einer Position mit starker politischer Macht und intellektuellem Einfluss herausbildete und entwickelte. Aber das ist nicht der einzige Grund, warum die Linke ein neues Paradigma braucht. Die Gewerkschaftsbewegung ist in vielen Ländern das Kraftzentrum und Herzstück der Linken gewesen. Was Kapitalisten nach einem Jahrhundert repressiver Maßnahmen gegen Gewerkschaftsführer nicht gelungen ist zu erreichen, erledigt die von sozialdemokratischen Regierungen in der ganzen Welt begeistert befürwortete Welthandelsorganisation für sie. Wenn Importbeschränkungen aufgehoben werden, dann werden die Gewerkschaften auf nationaler Ebene unterminiert. Verlangen nun Arbeiter in Hochlohnländern bessere Konditionen, so können die Bosse damit drohen, die Fabrik zu schließen und die Güter aus China oder irgendeinem anderen Land zu importieren, in dem die Löhne niedriger sind und Gewerkschafter keine Probleme bereiten. Die einzige Möglichkeit für Gewerk-

phische und ökonomische Schriften, hrsg. von Johannes Rohbeck und Peggy H. Breitenstein, Stuttgart 2008, S. 46–49, hier S. 48, Abschnitt 6.]

schaften, ihre Schlagkraft zu bewahren, würde für sie darin bestehen, sich international zu organisieren; doch wenn die Unterschiede zwischen den Lebensstandards von Arbeitern so groß sind wie beispielsweise heute die zwischen Europa und China, fehlen dafür die gemeinsamen Interessen. Niemand sieht gern seinen eigenen Lebensstandard sinken, doch die Interessen deutscher Arbeiter daran, die Raten für ihren Neuwagen weiter bedienen zu können, werden wahrscheinlich kaum die Sympathien von chinesischen Arbeitern wecken, die stattdessen darauf hoffen, sich zumindest eine ausreichende medizinische Versorgung und eine Schulbildung für ihre Kinder leisten zu können.

Ich habe weder Antworten auf die Schwächung der Gewerkschaftsbewegung noch auf das Problem, das diese für politische Parteien darstellt, die einen Großteil ihrer Stärke aus dieser Bewegung schöpften. Mein Fokus liegt hier nicht so sehr auf der Linken als einer politisch organisierten Kraft, sondern vielmehr auf der Linken als einem weiter gefassten Gedankenkomplex, einem Spektrum an Ideen zur Schaffung einer besseren Gesellschaft. In diesem Sinne bedarf die Linke dringend neuer Ideen und neuer Ansätze. Ich möchte dafür argumentieren, dass eine Quelle für neue Ideen, die zur Wiederbelebung der Linken führen könnten, in einer Herangehensweise an das gesellschaftliche, politische und wirtschaftliche Verhalten von Menschen besteht, die fest auf einem modernen Verständnis der menschlichen Natur gründet. Es ist an der Zeit, dass die Linke die Tatsache ernst nimmt, dass wir Tiere sind, die sich erst im Laufe der Evolution zu dem entwickelt haben, was wir sind, und dass wir nicht nur hinsichtlich unserer Anatomie und unserer DNA, sondern auch hinsichtlich unseres Verhaltens von diesem Erbe zeugen. Mit anderen Worten: Es ist an der Zeit, eine darwinistische Linke zu entwickeln.

Was ist wesentlich für die Linke?

Kann die Linke Marx gegen Darwin[4] austauschen und trotzdem links bleiben? Um diese Frage zu beantworten, müssen wir eine weitere stellen: Was ist überhaupt wesentlich für die Linke? Lassen Sie mich diese Frage auf persönliche Art beantworten. Im Laufe des vergangenen Jahres[5] habe ich sowohl eine Fernsehdokumentation als auch ein Buch über Henry Spira[6] fertiggestellt. Dieser Name wird den meisten Leuten nichts sagen, aber Spira ist die bemerkenswerteste Person, mit der ich die Ehre hatte, arbeiten zu dürfen. Als er zwölf Jahre alt war, lebte seine Familie in Panama. Sein Vater führte ein kleines Bekleidungsgeschäft, das nicht gut lief. Um Geld zu sparen, nahm die Familie das Angebot eines wohlhabenden Freundes an, in einigen Räumen dessen Hauses zu wohnen. Das Haus war ein Herrenhaus, das einen ganzen Häuserblock einnahm. Eines Tages wurde Henry von zwei Männern, die für den Besitzer arbeiteten, gefragt, ob er sie beim Einsammeln der Mieten begleiten möchte. Er begleitete sie und sah mit eigenen Augen, wie die luxuriöse Existenz des Wohltäters seines Vaters finanziert wurde. Sie gingen in die Slums, und dort wurden arme Leute von den bewaffneten Mieteintreibern bedroht. Zu jener Zeit hatte Henry noch keine Vorstellung von »der Linken«, aber von diesem Tag an war er ein Teil von ihr. Später zog Spira in die Vereinigten Staaten, wo er Trotzkist[7] wurde, als Matrose in der Handelsmarine arbeitete, in der McCarthy-Ära auf die schwarze Liste kam und dann, als er das Recht erlangt hatte, wieder auf Schiffen zu arbeiten, eine zentrale Figur in einer Reformgruppe wurde, die die korrupten Bosse der Gewerkschaft der *National Maritime Union* herausforderte. 1956 ging er in den Süden, um Schwarze zu unterstützen, die ihre örtlichen Busse boykottierten, weil sie das Recht haben wollten, auf denselben Sitzen zu sitzen wie Weiße. Als Fidel Castro[8] die

Diktatur Batistas stürzte, ging Spira nach Kuba, um sich mit eigenen Augen den Prozess der Landreform anzusehen, und nach seiner Rückkehr nach Amerika warb er um öffentliche Unterstützung gegen die Versuche der CIA, Castro zu stürzen. Er verließ die Trotzkisten, weil sie den Bezug zur Realität verloren hatten, und unterrichtete Kinder aus dem Ghetto in New Yorks staatlichem Schulsystem. Als ob dies nicht schon genug für ein Leben wäre, las er 1973 einen Essay von mir namens »Animal Liberation«[9] und kam zu dem Schluss, dass es hier um eine weitere Gruppe ausgebeuteter Wesen ging, die seiner Hilfe bedurften. Im Verlauf der vergangenen 20 Jahre ist er daraufhin zum erfolgreichsten Aktivisten der amerikanischen Tierrechtsbewegung geworden.

Spira hat ein Händchen für klare Worte. Als ich ihn fragte, warum er mehr als ein halbes Jahrhundert lang damit verbracht habe, sich für die genannten Anliegen einzusetzen, sagte er einfach, dass er auf der Seite der Schwachen, nicht der Mächtigen stehe; auf der der Unterdrückten, nicht der Unterdrücker; auf der der Geschundenen, nicht der Schinder. Und er sprach von dem ungeheuren Ausmaß an Schmerz und Leid, das in unserem Universum existiert, und von seinem Wunsch, etwas zu tun, um es zu verringern. Ich glaube, das ist das, worum es der Linken geht. Es gibt viele Weisen, links zu sein, und Spiras Weise ist nur eine davon. Doch was ihn antreibt, ist für jeden echten Linken wesentlich. Wenn wir mit den Schultern zucken beim Anblick des vermeidbaren Leids der Schwachen und Armen, derjenigen, die ausgebeutet und abgezockt werden, oder die einfach nicht genügend haben, um ein Leben auf bescheidenem Niveau zu erhalten, dann gehören wir nicht zur Linken. Wenn wir sagen, dass die Welt nun einmal so ist und immer so sein wird und dass wir nichts daran ändern können, sind wir nicht Teil der Linken. Die Linke möchte etwas an dieser Situation verändern.

An diesem Punkt könnte ich in eine lange Diskussion über die philosophische Grundlage einer egalitaristischeren[10] Gesellschaft eintreten, die die Linke anstreben sollte. Doch mit den Büchern zu diesem Thema könnte man bereits jetzt eine mittelgroße öffentliche Bibliothek füllen, und ich möchte diese Literatur nicht noch zusätzlich vergrößern. Es genügt völlig, festzustellen, dass es viele verschiedene Auffassungen von Gleichheit gibt, die mit der weitgefassten Vorstellung der Linken vereinbar sind, die ich hier umreiße. Meine eigene ethische Position ist utilitaristisch,[11] und der Imperativ, Leiden zu verringern, folgt direkt aus dieser Position. Obwohl ich als Utilitarist Gleichheit nicht um ihrer selbst willen schätze, bin ich mir des Prinzips des abnehmenden Grenznutzens sehr bewusst: Demnach macht eine gegebene Summe an Geld, sagen wir 100 Pfund Sterling, zwar einen sehr geringen Unterschied für den Nutzen von jemandem, der bereits viel besitzt, hingegen kann sie einen enormen Unterschied für den Nutzen von jemandem machen, der sehr wenig besitzt. In einer Welt, in der die 400 reichsten Menschen[12] zusammengenommen ein Reinvermögen besitzen, das größer ist als das der unteren 45 Prozent der Weltbevölkerung* – etwa 2,3 Milliarden[13] – und über eine Milliarde Menschen von weniger als einem US-Dollar pro Tag leben,** liefert dieses Prinzip genügend Gründe, um uns dazu anzuhalten, auf eine gleichere Verteilung der Ressourcen hinzuarbeiten.

Da ich nun grob umrissen habe, was ich mit »der Linken« meine, können wir uns der Politik zuwenden, die mit dem Darwinismus in Verbindung gebracht wird. Ich werde mit der folgenden Frage beginnen: Wo hat die Linke traditionell im Hinblick auf das darwinistische Denken gestanden, und warum?

* Vgl. R. J. Barnet / J. Cavanagh, *Global Dreams. Imperial Corporations and the New World Order*, New York 1994.

** Vgl. World Bank Development Indicators, 1997.

1. Politik und Darwinismus

Die rechtskonservative Übernahme

Zwei Monate nach der Veröffentlichung von *The Origin of Species* schrieb Darwin[14] an Charles Lyell:

> Eine Zeitung in Manchester hat mir eine ziemlich gute Glosse gewidmet, nach der ich bewiesen hätte, dass Macht vor Recht geht und dass daher Napoleon, ebenso wie auch jeder betrügerische Händler, recht hat.*

Der Autor dieser Rezension könnte der Erste gewesen sein, der nahelegte, dass man Darwins Theorie dafür verwenden könnte, das Recht der Starken, die Schwachen mit Füßen zu treten, ethisch zu rechtfertigen. Er war sicherlich nicht der Letzte. Darwin selbst wies die Idee zurück, dass irgendwelche ethischen Folgerungen aus seiner Arbeit gezogen werden könnten. Trotzdem wurde die Evolution zu einem hochmodischen Thema unter den amerikanischen Kapitalisten des späten 19. und frühen 20. Jahrhunderts. Diese Ideen kamen nicht alle von Darwin. Herbert Spencer[15], der überaus gewillt war, ethische Folgerungen aus der Evolution zu ziehen, lieferte den Verteidigern eines Laissez-faire-Kapitalismus[16] die intellektuellen Grundlagen, um staatlichen Eingriffen in die Kräfte des Marktes entgegenzutreten. Andrew Carnegie[17] gab zu, dass der Wettbewerb »manchmal für das Individuum hart sein kann«, aber rechtfertigte ihn als am besten für die Menschheit, weil er in allen Bereichen das Überleben der am

* In: *The Life and Letters of Charles Darwin*, hrsg. von F. Darwin, Bd. 2, London 1887, S. 62.

besten Angepassten[18] sicherstellt«.* John D. Rockefeller Jr.[19] schrieb:

> Das Wachstum eines großen Unternehmens ist nichts anderes als das Überleben des am besten Angepassten … Die American-Beauty-Rose kann nur in dem Glanz und Duft produziert werden, die ihren Betrachter verzückt, wenn die frühen Knospen um sie herum geopfert werden. Das ist keine böse Tendenz im Geschäftsleben, sondern nur die Umsetzung eines natürlichen und eines göttlichen Gesetzes.**

Die Kapitalisten kämpften vor dem US Supreme Court[20] darum, den 14. Zusatzartikel (der es jedem Bundesstaat verbietet, eine Person ohne faires Gerichtsverfahren des Lebens, der Freiheit oder des Eigentums zu berauben) dazu zu verwenden, um die Versuche der Regierung, die Industrie zu regulieren, zunichtezumachen. Die Gegner der Regulierung beriefen sich so oft auf Spencer, dass Richter Holmes[21] sich in einem Urteil genötigt fühlte klarzustellen, dass »der Vierzehnte Zusatzartikel nicht Herrn Herbert Spencers *Social Statics* verordnet.«***

Tatsachen und Werte

Einige Spielarten des Sozialdarwinismus begehen den Fehlschluss, Werte aus Tatsachen abzuleiten. Da die Evolutionstheorie eine wissenschaftliche Theorie ist und die Kluft zwi-

* A. Carnegie, »Wealth«, in: *North American Review*, H. 391, 1889, S. 654–657.

** Zit. in: R. Huber, *The American Idea of Success*, New York 1971, S. 66.

*** *Lochner v. New York* [1905] 198 US 45, zit. in: R. Hofstadter, *Social Darwinism in American Thought*, Boston 1966, S. 47.

schen Tatsachen und Werten so unüberbrückbar bleibt wie sie es bereits war, als David Hume[22] 1739 erstmals auf sie aufmerksam machte,* haben wir keine Möglichkeit schlusszufolgern, dass die Richtung der Evolution »gut« ist. Die Evolution ist nicht moralisch aufgeladen, sie geschieht einfach. Genauso wenig wie wir einen guten Grund dafür haben, ihr auf ihrem Weg zu helfen, genauso wenig haben wir einen guten Grund dafür, alles daranzusetzen, sie zu verlangsamen oder ihre Richtung zu verändern. Wir können zudem auch nicht, wie der Soziobiologe E. O. Wilson[23] einmal behauptet hat, unser Wissen über die Evolution dazu nutzen, »ethische Prämissen« zu entdecken, »die der biologischen Natur des Menschen innewohnen«,** oder aus der Tatsache, dass wir Säugetiere sind, universelle Menschenrechte ableiten. In den kommenden Jahrhunderten finden wir vielleicht viel über die menschliche Natur heraus. Wir erfahren vielleicht, was Menschen glücklich oder traurig macht, was sie dazu bringt, ihre Fähigkeiten im Hinblick auf Wissen und Weisheit, Sorge um andere und ein harmonisches Zusammenleben mit ihren Mitgeschöpfen zu entwickeln; ethische Prämissen jedoch werden sich nicht unter diesen Entdeckungen finden. Selbst eine entwickelte Disposition – wie die Verhaltensbereitschaft, geleistete Gefallen zu erwidern – kann nicht als Prämisse für ein Argument dienen, das uns ohne weitere ethische Zusätze sagt, was wir tun sollten. Es könnte zusätzliche entwickelte Dispositionen geben, die wir zurückweisen sollten – zum Beispiel eine Verhaltensbereitschaft, sich an gewalttätigen Gruppenhandlungen zu beteiligen, die sich ge-

* D. Hume, *A Treatise on Human Nature*, Buch III, Erster Teil, Erster Abschnitt, 1739.

** E. O. Wilson, *On Human Nature*, Cambridge 1978, S. 5, S. 198 f. [dt.: Edward O. Wilson, *Biologie als Schicksal. Die soziobiologischen Grundlagen menschlichen Verhaltens*, übers. von Friedrich Griese, Frankfurt a. M. (u. a.) 1980].

gen Menschen richten, die nicht Mitglieder unserer eigenen Gruppe sind. Einstein[24] hatte Recht, als er feststellte: Solange wir im engeren Bereich der Naturwissenschaft bleiben,

> können wir z. B. nie dem Satz begegnen: »Du sollst nicht lügen!« [...] Gewiss können wissenschaftliche Aussagen über Tatsachen und Beziehungen keine ethischen Richtlinien abgeben.*

Die Unterscheidung zwischen Tatsachen und Werten könnte die Beantwortung der Frage, ob es überhaupt eine darwinistische Linke geben kann, abkürzen. Die Antwort würde dann lauten: Da links zu sein bedeutet, an bestimmten Werten festzuhalten, hat Darwins Theorie nichts damit zu tun, ob man links oder rechts ist. Daher kann es ebenso gut eine darwinistische Linke wie eine darwinistische Rechte geben.

Doch damit ist die Diskussion noch längst nicht beendet, denn nicht alle, die sich auf Darwins Ideen berufen haben, um eine politische Ansicht zu verteidigen, haben auch versucht, Werte aus Tatsachen abzuleiten. Einige von ihnen haben die Evolutionstheorie vielmehr dazu verwendet, dafür zu argumentieren, dass eine bestimmte Handlungsweise die besten Folgen hat. Dabei berufen sie sich bei den »besten Folgen« auf einige Werte, die von vielen geteilt werden, wie etwa ein größeres Glück und Wohlergehen für alle oder das Überbieten der größten Leistungen früherer Zivilisationen. Es ist nicht allzu schwierig, die beiden oben angeführten Zitate von Carnegie und Rockefeller auf diese Weise zu deuten.

* A. Einstein, *Out of My Later Years*, New York 1950, S. 114 [hier zit. nach: Albert Einstein, »Die Gesetze der Naturwissenschaft und die Gesetze der Ethik (1950)«, in: ders., *Aus meinen späten Jahren*, übers. von Hildegard Blomeyer, Stuttgart 1952, S. 122–127, hier S. 122].

Carnegie kann so verstanden werden, dass er vorschlug, dass Konkurrenz die meisten Menschen langfristig besserstellt, und Rockefellers Beispiel von den kleineren Knospen, die geopfert werden müssen, um eine schönere Rose hervorzubringen, könnte die Berufung auf eine Ethik sein, die einen übergeordneten Wert darin sieht, das höchstmögliche Maß an menschlichen Leistungen zu erreichen. Auch E. O. Wilson vermischt seinen Verweis auf ethische Prämissen, die unserer Natur innewohnen, mit der Andeutung, dass der amerikanische politische Philosoph John Rawls[25] in seinem einflussreichen Buch *A Theory of Justice* nicht die »letzten ökologischen oder genetischen Konsequenzen der strikten Verfolgung seiner Schlussfolgerungen« berücksichtigt habe.* Es ist nicht klar, was Wilson damit genau meint, aber da Rawls dafür eintritt, Ungleichheiten nur insofern zuzulassen, als sie den am schlechtesten Gestellten in der Gesellschaft zum Vorteil gereichen, sieht es zumindest so aus, als ob Wilson nahelegt, dass wir die genetischen Folgen berücksichtigen müssen, die sich ergeben, wenn wir den am schlechtesten Gestellten helfen zu überleben. Andernorts argumentiert Wilson auch, dass wir durch ein besseres Verständnis der biologischen Unterschiede zwischen Männern und Frauen uns auch stärker des Preises bewusst werden, den wir für die größere Gleichheit zwischen den Geschlechtern zahlen müssen.**

Wie diese Beispiele zeigen, gibt es viele verschiedene Arten, in denen darwinistisches Denken in der politischen Debatte ins Feld geführt werden kann, und einige sind vertretbarer als andere. Die folgenden drei sind uns bereits begegnet:

* E. O. Wilson, *Sociobiology. The New Synthesis*, Cambridge 1975, S. 562.

** Vgl. E. O. Wilson, *On Human Nature*, Cambridge 1978, S. 134.

– Die Vorstellung, dass die Richtung der Evolution selbst »gut« oder »richtig« ist.

Diese Vorstellung kann ohne weitere Diskussion verworfen werden.

– Die Ansicht, dass die Sozialpolitik dadurch, dass sie den »weniger Angepassten« [»the ›less fit‹«] dabei hilft zu überleben, schädliche genetische Folgen haben kann.

Diese Ansicht ist, wohlwollend formuliert, höchst spekulativ. Die empirische Grundlage für eine solche Behauptung ist am einschlägigsten in Bezug auf die Bereitstellung rettender medizinischer Maßnahmen für Menschen mit genetisch bedingten Krankheiten, die unbehandelt zu ihrem Tod führen würden, noch bevor sie sich fortpflanzen können. Aufgrund der Entdeckung von Insulin werden zweifelsohne viel mehr Menschen mit einer frühen Diabeteserkrankung geboren, und zumindest einige von ihnen wären nicht geboren worden, wenn es kein öffentliches Gesundheitswesen geben würde, das Insulin unter seinem Marktpreis bereitstellt. Niemand würde jedoch ernsthaft vorschlagen, Kindern mit Diabetes Insulin vorzuenthalten, um die genetischen Folgen der Bereitstellung von Insulin zu vermeiden.

Es besteht außerdem eine große Kluft zwischen diesen Fällen besonderer medizinischer Behandlungen für genetisch beeinflusste Krankheiten einerseits und den vagen Andeutungen andererseits, die manchmal vonseiten der politischen Rechten zu hören sind, dass nämlich die Bereitstellung finanzieller Hilfen für Menschen, die arbeitslos sind, es diesen ermögliche, Kinder zu bekommen, und dass dies der Grund dafür sei, dass es zu einer größeren Repräsentanz »schädlicher« Gene in der Bevölkerung komme. Doch selbst wenn es eine genetische

Komponente bei so etwas Nebulösem wie Arbeitslosigkeit gäbe, würde die Aussage, dass diese Gene »schädlich« sind, Werturteile implizieren, die weit über das hinausgehen, was die Wissenschaft als solche uns sagen kann.

- Die Behauptung, dass uns ein Verständnis der menschlichen Natur im Lichte der Evolutionstheorie dabei helfen kann, sowohl die Mittel zu bestimmen, mit denen wir einige unserer sozialen und politischen Ziele einschließlich verschiedener Vorstellungen von Gleichheit erreichen können, als auch die möglicherweise damit verbundenen Kosten und den Nutzen abzuschätzen.

Diese Behauptung muss man ernst nehmen. Sie legt nicht den Schluss nahe, dass irgendeine Sozialpolitik schon deshalb falsch ist, weil sie im Widerspruch zum darwinistischen Denken steht. Stattdessen überlässt sie die ethische Entscheidung uns und bietet lediglich an, Informationen bereitzustellen, die für eben diese Entscheidung relevant sind. Während einige absolutistische Moraltheorien darauf bestehen, dass Gerechtigkeit selbst dann geübt werden muss, wenn die Welt dabei zugrunde geht, werden Konsequentialisten[26] wie ich Informationen über das wahrscheinliche Ergebnis unserer beabsichtigten Handlungen stets begrüßen. Die Nützlichkeit der Informationen wird natürlich proportional zu deren Verlässlichkeit variieren.

Ich werde hier auch noch eine vierte Weise anführen, in der das darwinistische Denken für ein politisches Thema relevant sein könnte:

- Das Entlarven oder Diskreditieren von politisch einflussreichen, nicht-darwinistischen Überzeugungen und Ideen.

Alle vordarwinistischen politischen Überzeugungen und Ideen müssen dahingehend überprüft werden, ob sie empirische Elemente enthalten, die mit dem darwinistischen Denken unvereinbar sind. Zum Beispiel hing Sir Robert Filmers[27] Lehre vom göttlichen Recht der Könige von der Idee ab, dass Adam die Macht über seine Kinder übertragen und dass diese Macht über die älteste Stammlinie seiner Nachfahren weitergereicht wurde, bis sie im England des 17. Jahrhunderts das Haus der Stuarts erreichte. Da die Evolutionstheorie nahelegt, dass es weder einen ursprünglichen Adam noch einen Garten Eden je gegeben hat, hat uns Darwin eine Grundlage geliefert, von der aus wir diese Ansicht zurückweisen können.

Dies mag überflüssig erscheinen, denn wie John Locke vor dreihundert Jahren gezeigt hat, gibt es noch einige andere Gründe, um Filmers Theorie zu verwerfen. Aber betrachten Sie eine andere, wiewohl verwandte Ansicht, derzufolge Gott Adam die Herrschaft gab über »die Fische im Meer und über die Vögel unter dem Himmel und über alles Getier, das auf Erden kriecht«[28]. Diese Überzeugung scheint immer noch einen gewissen Einfluss auf unsere Einstellungen gegenüber nichtmenschlichen Tieren auszuüben, obwohl sie von der Evolutionstheorie so gründlich widerlegt wurde wie die Lehre vom göttlichen Recht der Könige. Selbst differenziertere Ansichten über die Unterschiede zwischen Menschen und Tieren werden vom darwinistischen Denken in Frage gestellt. Sowohl in *The Descent of Man* als auch in *The Expression of the Emotions in Man and Animals* zeigte Darwin detailliert auf, dass es ein Kontinuum zwischen Menschen und Tieren gibt, nicht nur im Hinblick auf Anatomie und Physiologie, sondern auch im Hinblick auf das geistig-seelische Leben. So zeigte er, dass Tiere zu Liebe, Erinnerung, Neugier, Vernunft und Mitgefühl füreinander fähig sind. Durch die Zerstörung der intellektuellen Grundlagen für die Vorstellung, dass wir eine von den Tieren separate Schöpfung und der Art nach gänzlich verschieden sind, lieferte das darwinistische Denken die Basis für eine mögliche Revolution in unseren Einstellungen gegenüber nichtmenschlichen Tieren.* Bedauerlicherweise fand diese Revolution nie statt, und trotz einiger jüngerer Fortschritte hat sie immer noch nicht stattgefunden. Darwinistische politische Denker sollten stärker dazu bereit sein, die Ähnlichkeiten, die wir zwischen Menschen und nichtmenschlichen Tieren feststellen,** anzuerkennen und politische Entscheidungen auf sie zu stützen.

Wenn uns das darwinistische Denken zeigt, dass wir allzu bereit waren, einen grundlegenden Artunterschied zwischen Menschen und nichtmenschlichen Tieren anzunehmen, so könnte es uns auch zeigen, dass wir allzu bereit sind, anzunehmen, dass alle Menschen in allen relevanten Hinsichten gleich sind. Während darwinistisches Denken keinerlei Einfluss auf die Priorität hat, die wir der Gleichheit als einem moralischen oder politischen Ideal einräumen, liefert es uns Gründe für die Annahme, dass sich Männer und Frauen aufgrund ihrer unterschiedlichen Rollen bei der Fortpflanzung auch im Hinblick auf ihre Neigungen oder Temperamente in der Weise unterscheiden könnten, dass die Fortpflanzungsaussichten jedes Geschlechts bestmöglich gefördert werden. Da Frauen nur eine begrenzte Anzahl von Kindern bekommen können, sind sie tendenziell eher wählerisch bei der Partnersuche. Männer sind demgegenüber durch die Menge der eigenen Kinder nur in Bezug auf die Anzahl der Frauen, mit de-

* Vgl. J. Rachels, *Created from Animals. The Moral Implications of Darwinism*, Oxford 1990.

** Vgl. P. Singer, *Animal Liberation*, London [2]1995 [vgl. besonders die Kapitel »Man's Dominion« und »Speciesism today«, S. 185–212 bzw. S. 213–253, dt. erschienen unter dem Titel *Animal Liberation. Die Befreiung der Tiere*, Reinbek b. Hamburg 1996].

nen sie Sex haben können, begrenzt. Unter der Voraussetzung, dass das Erreichen eines hohen Status den Zugang zu Frauen verbessert, ist zu erwarten, dass Männer einen stärkeren Drang haben, einen hohen Status zu erreichen, als Frauen. Das bedeutet, dass wir die Tatsache, dass es eine unverhältnismäßig hohe Zahl von Männern in Positionen mit hohem Status in Wirtschaft oder Politik gibt, nicht als Begründung für den Schluss verwenden können, dass hier eine Diskriminierung von Frauen stattgefunden hat. Zum Beispiel könnte die Tatsache, dass es weniger weibliche als männliche Vorstandsvorsitzende in großen Unternehmen gibt, auch darauf zurückzuführen sein, dass Männer stärker gewillt sind, ihr persönliches Leben und andere Interessen ihren Karrierezielen unterzuordnen. So könnten biologische Unterschiede zwischen Männern und Frauen durchaus ein Faktor bei dieser größeren Bereitschaft sein, alles zu opfern, um an die Spitze zu kommen.*

Da das darwinistische Denken auf verschiedenste Weisen mit Ethik und Politik verknüpft werden kann, bedeutet das, dass mit der Unterscheidung zwischen Tatsachen und Werten längst nicht alle Fragen im Hinblick auf das Wesen einer darwinistischen Linken geklärt sind. Während den Kern der Linken ein Wertekomplex ausmacht, gibt es auch einen Randbereich von Tatsachenüberzeugungen, die man seit jeher mit der Linken assoziiert. Wir müssen daher fragen, ob diese Tatsachenüberzeugungen im Widerspruch zum darwinistischen Denken stehen und, falls das tatsächlich der Fall ist, wie die Linke ohne sie aussehen würde.

* Vgl. K. Browne, *Divided Labours. An Evolutionary View of Women at Work*, London 1998.

Der verständliche, aber unglückliche Fehler der Linken in Bezug auf das darwinistische Denken bestand darin, dass sie die Annahmen der Rechten akzeptierte, angefangen bei der Idee, dass der darwinistische Daseinswettbewerb[29] der Vorstellung von Natur entspricht, die von Tennysons[30] denkwürdigem (und vordarwinistischem) Satz, »Natur, rot an Zahn und Klaue«*, nahegelegt wird. Ausgehend von dieser Position schien es nur allzu offensichtlich zu sein, dass, wenn der Darwinismus für menschliches soziales Verhalten gilt, auch ein wettbewerbsorientierter Markt irgendwie gerechtfertigt ist oder sich als »natürlich« oder unvermeidlich erweisen lässt.

Wir können der Linken keinen Vorwurf machen, dass sie den darwinistischen Daseinswettbewerb in diesem unbarmherzigen Sinn verstanden hat. Bis zu den 1960er Jahren vernachlässigten schließlich auch die Evolutionstheoretiker selbst die Rolle, die Kooperation bei der Verbesserung der Überlebens- und Fortpflanzungschancen eines Organismus spielen kann. Laut John Maynard Smith[31] wurde sie bis zu den 1960ern »weitgehend außer Acht gelassen«.** Daher ist die Tatsache, dass der Darwinismus des 19. Jahrhunderts stärker zur Rechten als zur Linken passte, zumindest zum Teil auf die Beschränkungen des darwinistischen Denkens in dieser Zeit zurückzuführen.

Es gab eine große Ausnahme von der Feststellung, dass die Linke die »Natur, rot an Zahn und Klaue«-Ansicht vom Daseinswettbewerb akzeptierte. Der Geograph, Naturalist und

* A. Tennyson, *In Memoriam*, 1850.

** J. Maynard Smith, Vorwort zu: H. Cronin, *The Ant and the Peacock*, Cambridge 1991, S. xx.

Anarchokommunist Peter Kropotkin[32] argumentierte in seinem Buch *Mutual Aid*, dass Darwinisten (jedoch nicht immer Darwin selbst) die Kooperation zwischen Tieren derselben Art als einen Faktor in der Evolution übersehen hätten.* Kropotkin nahm daher diesen Aspekt des modernen Darwinismus vorweg. Trotzdem ging er fehl beim Versuch zu erklären, wie genau gegenseitige Hilfestellung in der Evolution funktionieren könnte, da er nicht ausreichend verstand, dass für Darwinisten die Annahme, dass Individuen sich um einer größeren Gruppe willen altruistisch verhalten, ein Problem darstellt. Schlimmer noch, nachdem Kropotkin *Mutual Aid* geschrieben hatte, begingen viele hochangesehene Evolutionstheoretiker noch 50 Jahre lang denselben Fehler.** Kropotkin stützte sich auf seine Studie zur Bedeutung von Kooperationen bei Tieren und Menschen, um zu argumentieren, dass Menschen von Natur aus kooperativ sind. Für Verbrechen und die Gewalt, die wir in menschlichen Gesellschaften erleben, sind, so behauptete er, Regierungen verantwortlich, die Ungleichheit etablieren. Menschen benötigen keine Regierungen und würden erfolgreicher ohne sie kooperieren. Obgleich Kropotkin viel gelesen wurde, trennten ihn seine anarchistischen Schlussfolgerungen vom linken Mainstream, die Marxisten natürlich eingeschlossen.

Angefangen mit Marx selbst sind Marxisten im Allgemeinen begeistert von Darwins Darstellung vom Ursprung der Arten, allerdings nur, solange deren Konsequenzen für den Menschen auf Anatomie und Physiologie beschränkt bleiben. Da die Alternative zur Evolutionstheorie die christliche Darstellung von der göttlichen Schöpfung war, wurde Darwins kühne

* P. Kropotkin, *Mutual Aid. A Factor of Evolution*, London 1902 [das Werk erschien im Original in englischer Sprache].

** Vgl. H. Cronin, *The Ant and the Peacock*, Cambridge 1991, S. 280 f.

Hypothese als Mittel aufgegriffen, um die Macht des »Opiums fürs Volk« zu durchbrechen. Im Jahr 1862 schrieb Marx an den deutschen Sozialisten Ferdinand Lassalle:

> Sehr bedeutend ist Darwins Schrift und passt mir als naturwissenschaftliche Unterlage des geschichtlichen Klassenkampfes. Die grob englische Manier der Entwicklung muss man natürlich mit in den Kauf nehmen. Trotz allem Mangelhaften ist hier zuerst der »Teleologie«[33] in der Naturwissenschaft nicht nur der Todesstoß gegeben, sondern der rationelle Sinn derselben empirisch auseinandergelegt.*

Doch Marx hielt im Einklang mit seiner materialistischen Theorie der Geschichte Darwins Werk auch selbst für das Produkt einer bourgeoisen Gesellschaft:

> Es ist merkwürdig, wie Darwin unter Bestien und Pflanzen seine englische Gesellschaft mit ihrer Teilung der Arbeit, Konkurrenz, Aufschluss neuer Märkte, »Erfindungen« und Malthus'schem »Kampf ums Dasein«[34] wiedererkennt.**

Friedrich Engels war besonders begeistert von Darwin. In seiner Rede an Marx' Grabstätte machte Engels Darwin das größte Kompliment, indem er Marx' Entdeckung des Gesetzes menschlicher Entwicklung mit Darwins Entdeckung des »Gesetz[es] der Entwicklung der organischen Natur«*** verglich. Er schrieb sogar einen posthum veröffentlichten Essay mit dem

* Marx an Lassalle, 16. Januar 1862, in: SW, S. 525 [hier zit. nach: MEW 30, S. 578; dort datiert als Brief vom 16. Januar 1861].

** Marx an Engels, 18. Juni 1862, in: SW, S. 526 [zit. nach: MEW 30, S. 249].

*** [Zit. nach: MEW 19, S. 335.]

Titel »Anteil der Arbeit an der Menschwerdung des Affen«*, in dem er versuchte, Darwin und Marx zu verbinden. Der Essay zeigt jedoch, dass Engels trotz aller Begeisterung Darwin nicht richtig verstanden hatte: Da er glaubte, dass erworbene Eigenschaften von zukünftigen Generationen ererbt werden könnten, ist seine Form von Evolution eher lamarckistisch[35] als darwinistisch. Jahrzehnte später hatte Engels' naive Unterstützung der Idee der Vererbung erworbener Eigenschaften tragische Folgen, als sie von sowjetischen Lamarckisten verwendet wurde, um zu beweisen, dass sich ihr Standpunkt im Einklang mit dem Marxismus und dem dialektischen Materialismus befand. Dies bereitete, mit Stalins[36] Rückendeckung, den Boden für die zunehmende Bevorzugung des Pseudowissenschaftlers T. D. Lysenko[37], der behauptete, die sowjetische Landwirtschaft durch die Verwendung lamarckistischer Ideen und die Entlassung, Verhaftung und den Tod vieler führender Genetiker der Sowjetunion produktiver gemacht zu haben. Unter Lysenkos Einfluss geriet auch die sowjetische Agrarwissenschaft in die lamarckistische Sackgasse, was für den prekären Zustand der sowjetischen Landwirtschaft gewiss nicht hilfreich war.**

War Engels' lamarckistischer Irrtum auch schwerwiegend, so handelt es sich trotz allem um einen weniger grundlegenden Fehler als seine Vorstellung, dass Marx das Gleiche für die Menschheitsgeschichte getan hatte wie Darwin für die Naturgeschichte. In dieser eleganten Beschreibung steckt die Vorstellung, dass die darwinistische Evolution bei Anbruch der Menschheitsgeschichte stoppt und ab da die materialistischen

* In: Karl Marx / Friedrich Engels, *Selected Works*, Bd. II, Moskau 1962, S. 80–92 [zit. nach: »Dialektik der Natur«, in: MEW 20, S. 444–455].

** Vgl. Z. Medvedev, *The Rise and Fall of T. D. Lysenko*, New York 1969, S. 7 f., 151–194.

Kräfte der Geschichte das Zepter übernehmen. Diese Vorstellung muss näher untersucht werden.

Marx' eigene klassische Feststellung zu seiner materialistischen Theorie der Geschichte lautet:

> Die Produktionsweise des materiellen Lebens bedingt den sozialen, politischen und geistigen Lebensprozess überhaupt. Es ist nicht das Bewusstsein der Menschen, das ihr Sein, sondern umgekehrt ihr gesellschaftliches Sein, das ihr Bewusstsein bestimmt.*

Mit »Produktionsweise des materiellen Lebens« meinte Marx die Art und Weise, in der Menschen die Güter produzieren, die ihre Bedürfnisse befriedigen – etwa durch Jagen und Sammeln, Ackerbau oder Nutzbarmachung von Dampfkraft zum Antrieb von Maschinen. Die Produktionsweise führt ihm zufolge zu bestimmten wirtschaftlichen Beziehungen wie Feudalherr und Leibeigener oder Kapitalist und Arbeiter, und diese ökonomische Basis bestimmt den rechtlichen und politischen Überbau der Gesellschaft, der unser Bewusstsein prägt.

Die materialistische Theorie der Geschichte impliziert, dass es keine feste menschliche Natur gibt. Sie verändert sich mit jedem Wandel in den Produktionsweisen. Die menschliche Natur hat sich bereits in der Vergangenheit verändert – vom Urkommunismus hin zur Feudalherrschaft zum Beispiel, oder von der Feudalherrschaft hin zum Kapitalismus – und sie kann sich in der Zukunft wieder verändern. In loserer Form wurde diese Vorstellung bereits weit vor Marx geäußert. In seiner *Abhandlung über den Ursprung und die*

* K. Marx, Vorwort zu: *A Critique of Political Economy,* in: SW, S. 389 [zit. nach: MEW 13, S. 8 f.].

Grundlagen der Ungleichheit unter den Menschen stellte Rousseau[38] die Idee, dass die Einführung von Privateigentum alles von Grund auf verändert habe, mit dramatischen Worten vor:

> Der erste, der ein Stück Land eingezäunt hatte und auf den Gedanken kam zu sagen »Dies ist mein«, und der Leute fand, die einfältig genug waren, ihm zu glauben, war der wahre Begründer der zivilen Gesellschaft. Wie viele Verbrechen, Kriege, Morde, wie viele Leiden und Schrecken hätte nicht derjenige dem Menschengeschlecht erspart, der die Pfähle herausgerissen oder den Graben zugeschüttet und seinen Mitmenschen zugerufen hätte: »Hütet Euch davor, auf diesen Betrüger zu hören. Ihr seid verloren, wenn ihr vergesst, dass die Früchte allen gehören und dass die Erde niemandem gehört!«*

Für jeden, der die Kontinuität zwischen Menschen und unseren nichtmenschlichen Vorfahren anerkennt, scheint es unplausibel zu sein, dass der Darwinismus uns die Gesetze der Evolution für die Naturgeschichte vorgibt, aber bei Anbruch der Menschheitsgeschichte stoppt. In seiner *Dialektik der Natur* schrieb Engels:

> Das Tier bringt's höchstens zum *Sammeln*, der Mensch *produziert*, er stellt Lebensmittel im weitesten Sinn des Worts [her], die die Natur ohne ihn nicht produziert hätte. Damit [ist] jede Übertragung von Lebensgesetzen der tierischen

* J.-J. Rousseau, *Discourse on the Origin of Inequality,* London 1958, S. 192 [zit. nach: Jean-Jacques Rousseau, *Abhandlung über den Ursprung und die Grundlagen der Ungleichheit unter den Menschen*, übers. und hrsg. von Philipp Rippel, Stuttgart 1998, S. 74].

Gesellschaften so ohne Weiteres auf menschliche unmöglich gemacht.*

Die Unterscheidung, die Engels hier zwischen Menschen und Tieren macht, ist zweifelhaft – Pilze anbauende Ameisen zum Beispiel kultivieren und essen spezialisierte Pilze, die ohne ihre Aktivität nicht existieren würden. Doch selbst wenn die Unterscheidung berechtigt wäre, so würde sich die Frage stellen, warum die Verschiedenheit von Sammeln und Produzieren so wichtig sein sollte, dass sie sogar die Gesetze der Evolution außer Kraft setzt? Warum sollten die produktiven Kräfte nicht auch anfällig für evolutionären Druck sein? Engels lässt diese Fragen unbeantwortet.

Der Traum von Vervollkommnung

Der Glaube an die Formbarkeit der menschlichen Natur ist für die Linke wichtig gewesen, weil er Anlass zur Hoffnung bot, dass eine ganz andere Art von menschlicher Gesellschaft möglich sei. Ich vermute, dass hier der letztendliche Grund dafür liegt, warum die Linke das darwinistische Denken abgelehnt hat. Dieses Denken machte nämlich den großen Traum der Linken zunichte, den Traum von der Vervollkommnung des Menschen.** Spätestens seit Platons *Staat* war die Idee vom Aufbau einer vollkommenen Gesellschaft im westlichen Bewusstsein stets gegenwärtig. Seit es die Linke gibt, hat sie eine Gesellschaft angestrebt, in der alle Menschen harmonisch und kooperativ in Frieden und Freiheit zusammenleben. Marx und

* In: *Marx and Engels on Malthus*, hrsg. von R. Meek, London 1953, S. 187 [zit. nach: MEW 20, S. 565].

** J. Passmore, *The Perfectibility of Man*, New York [2]1970.

Engels verachteten »utopische Sozialisten« und bestanden darauf, dass ihre eigene Form des Sozialismus nicht utopisch war.* Damit meinten sie jedoch nur, dass sie die Gesetze der menschlichen historischen Entwicklung entdeckt hätten, die zur kommunistischen Gesellschaft führen würden, und dass ihr Sozialismus daher »wissenschaftlich« sei, was in ihrem Verständnis bedeutete, dass er nicht utopisch war. Gemäß diesen Gesetzen der historischen Entwicklung würde der die Geschichte antreibende Klassenkampf durch den Sieg des Proletariats beendet werden, und die zukünftige kommunistische Gesellschaft wäre

> die *wahrhafte* Auflösung des Widerstreites zwischen dem Menschen mit der Natur und mit dem Menschen, die wahre Auflösung des Streits zwischen Existenz und Wesen, zwischen Vergegenständlichung und Selbstbestätigung, zwischen Freiheit und Notwendigkeit, zwischen Individuum und Gattung. Er [der Kommunismus] ist das aufgelöste Rätsel der Geschichte […].**

Diese Vorstellung von der kommunistischen Gesellschaft ist genauso entschieden utopisch wie die Blaupausen für eine zukünftige Gesellschaft, wie sie von Saint-Simon[39], Fourier[40] oder einem der anderen »utopischen« Sozialisten entworfen wurden, deren Ideen Marx und Engels verachteten. Marx schrieb diese Passage als junger Mann, und einige würden sagen, dass er seine Vorstellung vom Kommunismus änderte;

* F. Engels, *Socialism, Utopian and Scientific*, in: Karl Marx / Friedrich Engels, *Selected Works*, Bd. II, Moskau 1962 [dt.: *Die Entwicklung des Sozialismus von der Utopie zur Wissenschaft*, Zürich 1882].

** »Economic and Philosophic Manuscripts of 1844«, in: SW, S. 89 [zit. nach: *Ökonomisch-philosophische Manuskripte aus dem Jahre 1844*, MEW Erg.-Bd. 1, S. 465–588, hier S. 536].

obwohl jedoch seine Terminologie weniger hegelianisch wurde, findet sich nichts in seinen späteren Schriften, das dafür spricht, dass er seine jugendliche Vision von der zukünftigen Gesellschaft aufgab. Stattdessen deutet vieles darauf hin, dass er dies eben nicht tat. Das ethische Prinzip – »Jeder nach seinen Fähigkeiten, jedem nach seinen Bedürfnissen!« – findet sich in einer seiner letzten Bemerkungen über die kommunistische Gesellschaft und steht immer noch fest in utopischer Tradition.*

Marx verfasste die Passage weiter oben 15 Jahre, bevor Darwin sein Werk *The Origin of Species* veröffentlichte,[41] daher war es nicht überraschend, dass er Darwin dafür kritisierte, den »Malthussche[n] ›Kampf ums Dasein‹« in die Natur hineingelesen zu haben. Von Anfang an erkannten Marx und Engels den Gegensatz zwischen ihren eigenen Ansichten und der von Thomas Malthus vorgelegten Bevölkerungstheorie.[42] Die allererste Arbeit, die einer der beiden über Wirtschaft schrieb, Engels' Essay »Umrisse zu einer Kritik der Nationalökonomie« aus dem Jahr 1844, enthält eine Widerlegung Malthus'. Im selben Jahr kritisierte Marx das englische Armengesetz dafür, dass es im Pauperismus »ein *ewiges Naturgesetz*« »nach der Theorie von Malthus« erblicke.** Im Gegensatz dazu betrachteten Marx und Engels Armut als das Ergebnis bestimmter ökonomischer Systeme und nicht als unvermeidliche Folge des Waltens der Natur. Malthus ließ sich leicht genug widerlegen, da er keine guten Gründe für seine Annahme angeben konnte,

* Vgl. »Critique of the Gotha Programme«, in: SW, S. 566 [zit. nach: »Kritik des Gothaer Programms«, in: MEW 19, S. 21].

** »Critical Remarks on the Article ›The King of Prussia and Social Reform‹«, in: *Marx and Engels on Malthus*, hrsg. von R. Meek, London 1953, S. 67 [hier zit. nach: »Kritische Randglossen zu dem Artikel ›Der König von Preußen und die Sozialreform. Von einem Preußen‹«, in: MEW 1, S. 398].

dass, während die Bevölkerung exponentiell wächst, die Nahrungsmittelversorgung sich nur linear erhöhen kann. Mit Darwins Evolutionstheorie verhielt es sich jedoch anders, und weder Marx noch Engels wollten sie als Ganze zurückweisen. Wenn sich allerdings die Evolutionstheorie sowohl auf die Menschheitsgeschichte anwenden ließ, insofern, als Menschen Wesen sind, die durch Evolution entstanden sind, als auch auf die Naturgeschichte, so würden der Widerstreit und die Konflikte, die aus Marx' Sicht durch den Kommunismus aufgelöst würden – der ›Widerstreit[] zwischen dem Menschen mit der Natur und mit dem Menschen‹ und der Konflikt zwischen ›Individuum und Gattung‹* –, niemals vollkommen aufgelöst werden, wenngleich wir lernen könnten, ihre Destruktivität abzumildern. Für Darwin findet der Daseinswettbewerb oder zumindest der Wettbewerb um das Überleben der eigenen Nachkommen niemals ein Ende. Das ist weit entfernt von einem Traum der Vervollkommnung der Menschheit.

Sollte auf der anderen Seite die materialistische Theorie der Geschichte stimmen und das gesellschaftliche Sein das Bewusstsein bestimmen, können die Gier, der Egoismus, der persönliche Ehrgeiz und der Neid, die ein Darwinist als unvermeidliche Aspekte unserer Natur verstehen könnte, stattdessen als Folge des Lebens in einer Gesellschaft mit Privateigentum und Privatbesitz an Produktionsmitteln gesehen werden. Ohne diese besonderen gesellschaftlichen Regelungen wären die Menschen nicht mehr länger so sehr mit ihren Privatinteressen beschäftigt. Ihre Natur würde sich verändern und sie würden ihr Glück darin finden, kooperativ mit anderen für das Gemeinwohl zu arbeiten. Auf diese Weise würde der Kommunismus den Widerstreit zwischen Mensch

* [Zit. nach: *Ökonomisch-philosophische Manuskripte aus dem Jahre 1844*, MEW Erg.-Bd. 1, S. 536.]

und Mensch überwinden. Das Rätsel der Geschichte kann nur dann gelöst werden, wenn dieser Widerstreit ein Produkt der ökonomischen Grundlage unserer Gesellschaft und nicht ein unserer biologischen Natur innewohnender Bestandteil ist.

So erklärt sich die starke Entschlossenheit vieler Linker, darwinistisches Denken aus dem sozialen Bereich herauszuhalten.* Plekhanov, der führende russische Marxist des 19. Jahrhunderts, folgte Engels in der Auffassung, dass »Marx' Untersuchung genau dort beginnt, wo Darwins Untersuchung endet«**, und das wurde zur Lehrmeinung des Marxismus. Laut Lenin[43] war »die Übertragung biologischer Konzepte auf das Gebiet der Sozialwissenschaften eine bedeutungslose Phrase«***. Noch in den 1960er Jahren brachte man den Schulkindern in der Sowjetunion den einfachen Spruch bei: »Der Darwinismus ist die Wissenschaft der biologischen Evolution, der Marxismus die der sozialen Evolution.« Zur selben Zeit schrieb der sowjetische Anthropologe M. F. Nesturkh[44] über die Untersuchung des menschlichen Ursprungs, dass es die »heilige Pflicht« der sowjetischen Anthropologie sei, »Hominide als Menschen zu betrachten, die sich aktiv selbst formen, statt als Tiere, die sich stur der Umwandlung zum Menschen widersetzen.«† Es ist faszinierend, wie zwei so verschiedene Ideolo-

* Dieser Abschnitt stützt sich auf D. Joravsky, *The Lysenko Affair*, Cambridge 1970, S. 230, 254–258.

** Zit. nach: ebd., S. 258. Die Originalquelle findet sich in: G. V. Plekhanov, *Izbrannye filosfskie proizvedeniia*, 5 Bde., Moskau, 1956–58, Bd. 1, S. 690 f.

*** Zit. nach: ebd., S. 257. Die Originalquelle findet sich in: V. I. Lenin, *Sochineniia*, 44 Bde., Moskau [4]1941–1967, Bd. XIV, S. 315.

† Zit. nach: ebd., S. 270. Das Original findet sich in: M. F. Nesturkh, »Darvin i sovremennye problemy antropogeneza«, in: *Voprosy antropologii*, Nr. 2, 1960, S. 14.

gien wie das Christentum und der Marxismus sich darin einig waren, auf der Kluft zwischen Menschen und Tieren zu bestehen und daher darauf, dass die Evolutionstheorie nicht auf Menschen angewendet werden kann.

Lysenko ging, nebenbei bemerkt, bei der Revision des darwinistischen Denkens sogar noch weiter als jene Marxisten, die dessen Anwendung auf menschliche Angelegenheiten bestritten. Er wies auch die Idee der intraspezifischen Konkurrenz in der Natur zurück:

> Wie kann man erklären, warum die bourgeoise Biologie die »Theorie« der intraspezifischen Konkurrenz so hochschätzt? Weil sie die Tatsache rechtfertigen muss, dass in der kapitalistischen Gesellschaft die große Mehrheit der Menschen in einer Zeit der Überproduktion materieller Güter in Armut lebt ... Es gibt keine intraspezifische Konkurrenz in der Natur. Es gibt nur eine Konkurrenz zwischen den Arten: Der Wolf frisst den Hasen, der Hase frisst keinen anderen Hasen, er frisst Gras.*

Das alte Lied

Der Konflikt zwischen der marxistischen Theorie der Geschichte und einer biologischen Auffassung von der menschlichen Natur zog sich bis ins späte 20. Jahrhundert hin. Es gab Ausnahmen, allen voran J. B. S. Haldane[45], der stark zur Entwicklung des modernen Darwinismus beitrug und gleichzeitig als Kommunist sich nicht davor scheute, den Einfluss der Evo-

* T. D. Lysenko, *Agrobiologiya*, Sel'khozgiz 1949, S. 602–606, zit. nach: Z. Medvedev, *The Rise and Fall of T. D. Lysenko*, New York 1969, S. 107 [danach auch die Übersetzung].

lution und Vererbung auf menschliche Angelegenheiten anzuerkennen.* Die führenden modernen Evolutionstheoretiker John Maynard Smith[46] (ein Schüler von Haldane) und Robert Trivers[47] beteiligten sich ebenfalls an linker Politik.**

Doch betrachten Sie den folgenden Textauszug:

> Die Deterministen behaupten, dass die Evolution der Gesellschaften die Folge von Veränderungen in der Häufigkeit verschiedener Typen von Individuen in ihnen sei. Damit werden aber Ursache und Wirkung vertauscht. Gesellschaften entwickeln sich deshalb, weil soziale und ökonomische Aktivitäten die physischen und sozialen Bedingungen verändern, in denen diese Tätigkeiten auftreten. Einzigartige historische Ereignisse, Handlungen einiger Individuen und die Veränderung des Bewusstseins von Menschenmassen interagieren mit den sozialen und ökonomischen Kräften und beeinflussen auf diese Weise den Zeitpunkt, die Form und sogar die Möglichkeit für bestimmte Veränderungen; Individuen sind nicht vollkommen autonome Einheiten, deren individuelle Qualitäten die Richtung der gesellschaftlichen Evolution bestimmen. Die Feudalgesellschaft verschwand nicht aus dem Grunde, weil irgendeine autonome Kraft den prozentualen Anteil von Unternehmern erhöhte. Im Gegenteil: Die wirtschaftlichen Aktivitäten der westlichen Feudalgesellschaft selbst führten zum Wandel in den wirtschaftlichen Beziehungen, der Leibeigene zu Kleinbauern machte und dann zu landlosen Industriearbeitern mit all

* Vgl. J. B. S. Haldane, *Heredity and Politics*, London 1938.

** Vgl. U. Segerstrale, »Colleagues in Conflict. An ›In Vivo‹ Analysis of the Sociobiology Controversy«, in: *Biology and Philosophy*, Nr. 1/1, 1985, S. 53–87; P. van den Berghe, »Sociobiology. Several Views«, in: *BioScience*, Nr. 31, 1980, S. 406.

den ungeheuren Veränderungen in den gesellschaftlichen Institutionen, die daraus resultierten.*

Diese klare Stellungnahme zur materialistischen Theorie der Geschichte, die stark an die Terminologie von Marx und Engels erinnert, erschien im März 1976 in *BioScience*, der Fachzeitschrift des *American Institute of Biological Science*. Ihre Autoren waren die Mitglieder der *Sociobiology Study Group of Science for the People*, unter ihnen der Populationsgenetiker Richard Lewontin[48] und andere bedeutende Figuren in den Biowissenschaften. Diese Stellungnahme wurde als Reaktion auf das Aufkommen der »Soziobiologie« verfasst, die sie als »einen weiteren biologischen Determinismus« bezeichnete. Mit ihrem Fokus auf soziale und ökonomische Ursachen »gesellschaftlicher Evolution« hält sie die marxistische Standardvorstellung aufrecht, nach der Darwin für die Naturgeschichte und Marx für die Menschheitsgeschichte zuständig ist.

* Sociobiology Study Group of Science for the People, »Sociobiology. Another Biological Determinism«, in: *BioScience*, Nr. 26/3, 1976, zit. in: A. Caplan (Hrsg.), *The Sociobiology Debate*, New York 1978, S. 289.

2. Kann die Linke eine darwinistische Auffassung von der menschlichen Natur akzeptieren?

Unpopuläre Ideen

Im 20. Jahrhundert verwandelte sich der Traum von der Vervollkommnung der Menschheit in die Albträume des stalinistischen Russlands, Chinas unter der Kulturrevolution und Kambodschas unter Pol Pot[49]. Von diesen Albträumen erwachte die Linke in einem Chaos. Zwar hat es Versuche gegeben, eine neue und bessere Gesellschaft mit weniger schrecklichen Folgen zu schaffen – Castros[50] Kuba, die israelischen Kibbuzim[51] –, doch uneingeschränkt erfolgreich war keiner dieser Versuche. Wir sollten den Traum von Vervollkommnung hinter uns lassen: damit wäre bereits ein Hindernis für eine darwinistische Linke beseitigt.

Ein weiteres, bereits teilweise ausgeräumtes Hindernis besteht in dem intellektuellen Einfluss von Marx' Geschichtstheorie. Marx hatte zu Recht einen enormen Einfluss auf die Sozialwissenschaften. Indem er unsere Aufmerksamkeit auf die Verbindungen zwischen der ökonomischen Basis einer Gesellschaft und ihren Gesetzen, ihrer Religion, Politik, Philosophie und Kultur allgemein lenkte, zerstörte er die Illusion, dass Ideen und Kultur unabhängig sind, und erschloss neue und äußerst fruchtbare Bereiche für die Forschung. Wir sollten Marx' Erkenntnis daher nicht aufgeben, doch wir sollten sie Teil eines wesentlich umfassenderen Bildes werden lassen.

Veränderungen in der Produktionsweise einer Gesellschaft beeinflussen in der Tat die in ihr herrschenden Ideen und ihre Kultur. Doch sich nur auf die unterschiedlichen Folgen zu konzentrieren, die durch diese Veränderungen bewirkt werden können, und dabei zu vernachlässigen, was konstant bleibt, ist so, als würde man sich die Unterschiede in der militärischen Taktik durch die Veränderungen der Waffen im Laufe der Jahrhunderte anschauen, ohne sich jemals zu fragen, warum Nationen überhaupt in den Krieg ziehen. Es ist an der Zeit, endlich anzuerkennen, dass die Produktionsweise unsere Ideen, unsere Politik und unser Bewusstsein aufgrund der besonderen Eigenschaften unseres biologischen Erbes beeinflusst.

Das verbleibende große Hindernis für die Akzeptanz des darwinistischen Denkens durch die Linke besteht in der Idee der Formbarkeit der menschlichen Natur. Obwohl diese Idee, wie wir gesehen haben, von der materialistischen Geschichtstheorie gestützt wird, beeinflusst die Idee der Formbarkeit viele Linke, die in keiner Weise marxistisch sind, und deshalb kann sie auch die Ablehnung der Marx'schen Geschichtstheorie überleben. Nichtmarxistische Reformer akzeptieren häufig eine bestimmte Tradition der Formbarkeit, die auf John Lockes[52] Vorstellung vom menschlichen Geist als »ein weißes Blatt Papier ohne Zeichen – ohne Ideen«* zurückgeht. Daraus folgt, dass Erziehung im weitestmöglichen Sinn das große Allheilmittel darstellt, das das Potential hat, Menschen in vollkommene Bürger zu verwandeln. Solche Ansichten zur Formbarkeit oder Nichtformbarkeit der menschlichen Natur neigen dazu, entlang des Links-Rechts-Kontinuums zu variieren. Allerdings handelt es sich dabei um Ansichten über eine empirische Tatsache, die deshalb einer Korrektur im Lichte der Beweise offenstehen sollten.

* J. Locke, *An Essay Concerning Human Understanding*, 1689, 2. B., 1. Kap., 2. Abschn. [hier zit. nach: John Locke, *An Essay Concerning Human Understanding / Eine Abhandlung über den menschlichen Verstand*, übers. von Joachim Schulte, hrsg. und komm. von Joachim Schulte und Katia Saporiti, Stuttgart 2018 (in Vorb.)].

Solche Beweise können aus der Geschichte, Anthropologie, Ethnologie und Evolutionstheorie stammen. Es ist jedoch nicht leicht, sich die Beweise ohne ideologische Scheuklappen anzuschauen. Diese Erfahrung machte auch der australische Anthropologe Derek Freeman[53], als er 1983 *Margaret Mead and Samoa. The Making and Unmaking of an Anthropological Myth* veröffentlichte.* In *Coming of Age in Samoa* hatte Mead[54] auf der Basis ihrer Beobachtungen der samoanischen Gesellschaft argumentiert, »dass die Jugend nicht notwendig eine Zeit der Belastung darstellt, sondern dass kulturelle Bedingungen sie dazu machen ...«** Diese Schlussfolgerung stimmte mit den Ideen ihres Lehrers Franz Boas[55] überein, denen zufolge unser soziales Umfeld unser Leben stärker prägt als biologische Faktoren. Freeman trug überzeugende Argumente dafür zusammen, dass Mead die samoanischen Sitten falsch verstanden hatte, die nämlich gar nicht die von Mead beschriebene Art von unbeschwerter jugendlicher Sexualität erlaubten. Dafür wurde er von seinen Anthropologen-Kollegen angeprangert, und die *American Anthropological Association* verabschiedete einen Antrag, der seine Widerlegung von Meads Arbeit als »unwissenschaftlich« verurteilte. Vier Jahre später wurde Freemans Arbeit anderweitig bestätigt, als sich eine von Meads ursprünglichen Informantinnen meldete und zugab, dass sie und eine ihrer Freundinnen Mead, als diese sie über ihr Sexualverhalten befragt hatte, einen Streich gespielt und sich fantastische Geschichten ausgedacht hatten.***

Die These, dass es relativ unveränderliche Aspekte der menschlichen Natur gibt, ist heute[56] vielleicht nicht mehr so

* D. Freeman, *Margaret Mead and Samoa. The Making and Unmaking of an Anthropological Myth*, Cambridge 1983.

** M. Mead, *Coming of Age in Samoa*, London 1966, S. 186.

*** D. Freeman, *Paradigms in Collision*, Canberra 1992.

umstritten wie vor 25 Jahren[57], als E. O. Wilson sein Buch *Sociobiology. The New Synthesis* veröffentlichte, oder sogar noch vor 15 Jahren[58], als Freemans Mead-Kritik erschien. Seither wurden viele Bücher veröffentlicht, die auf universelle Aspekte der menschlichen Natur eingehen und die weit weniger stürmische Geburtsstunden erlebt haben. Als ich vor ein paar Jahren ein Buch über Ethik herausgegeben habe, fügte ich einen Abschnitt mit der Überschrift »Gemeinsame Themen in der Ethik der Primaten« ein. Dieser Abschnitt enthielt Texte zum Altruismus gegenüber Verwandten und zur Wechselseitigkeit sowie zum Sexualverhalten bei Schimpansen, die neben Texten von Anthropologen zu ähnlichen Verhaltensweisen bei Menschen, biblischen Verfügungen gegen Ehebruch und Passagen von Konfuzius, Hillel und Luther platziert waren. Ich rechnete damit, dass Kritiker die Idee, dass nichtmenschliche Primaten so etwas wie ein Ethos besitzen oder dass es überhaupt gemeinsame Themen in der menschlichen und nichtmenschlichen Ethik gibt, angreifen würden. Doch es gab keine solche Kritik, und die Kommentare, die ich zu diesem Abschnitt erhalten habe, waren durchweg positiv. Daher werde ich nun, in der Hoffnung, dass wir in Bezug auf unsere Bereitschaft, solche Ideen in Erwägung zu ziehen, reifer geworden sind, die gänzlich unoriginelle These vertreten, dass, obwohl einige Bereiche des menschlichen Lebens eine große Vielfalt aufweisen, in anderen Bereichen menschliches Verhalten über alle menschlichen Kulturen hinweg relativ konstant bleibt und einige Aspekte unseres Verhaltens auch von unseren nächsten nichtmenschlichen Verwandten geteilt werden.

Was an der menschlichen Natur ist unveränderlich und was ist wandelbar?

Für die weitere Diskussion könnte es hilfreich sein zu versuchen, die Bereiche des menschlichen Lebens in drei Kategorien einzuteilen: 1. in Verhalten, das über verschiedene Kulturen hinweg große Unterschiede aufweist, 2. Verhalten, das über verschiedene Kulturen hinweg gewisse Unterschiede zeigt und 3. Verhalten, bei dem über verschiedene Kulturen hinweg geringe oder gar keine Unterschiede auftreten.* Will man darauf nicht gleich ein ganzes Buch verwenden, muss eine solche Einteilung notwendig eine spekulative und ziemlich willkürliche Unternehmung bleiben. So hätte man auch problemlos andere Verhaltensweisen auswählen können, und jede von ihnen könnte zum Gegenstand ausführlicher Debatten werden. Außerdem sollten wir berücksichtigen, dass selbst dort, wo sich Verhaltensweisen über Kulturen hinweg stark voneinander unterscheiden, dies auf festgeschriebene psychologische Regeln zurückzuführen sein könnte, die zu unterschiedlichen Ergebnissen führen, sobald sie in verschiedenen Situationen

* Die Fachliteratur zur Universalität oder Nicht-Universalität von Eigenschaften, die in diesem Abschnitt erwähnt werden, ist sehr umfangreich. Hier nur eine kleine Auswahl: E. Westermarck, *The Origin and Development of the Moral Ideas*, London 1906 [das Original ist in englischer Sprache erschienen]; E. O. Wilson, *Sociobiology. The New Synthesis*, Cambridge 1975; E. O. Wilson, *On Human Nature*, Cambridge 1978; P. L. van den Berge, *Human Family Systems*, New York 1979; R. D. Alexander, *Darwinism and Human Affairs*, Seattle 1979; D. Symons, *The Evolution of Human Sexuality*, Oxford 1979; H. Cronin, *The Ant and the Peacock*, Cambridge 1991; J. Q. Wilson, *The Moral Sense*, New York 1993; D. E. Brown, *Human Universals*, New York 1991; S. Pinker, *The Language Instinct*, New York 1994; S. Pinker, *How the Mind Works*, New York 1998.

angewendet werden. Dennoch haben solche Spekulationen durchaus einen Sinn: Sie zeigen nämlich die Möglichkeiten auf, die jeder, der an darwinistischer Politik interessiert ist, berücksichtigen muss.

In die erste Kategorie großer Unterschiede würde ich die Art und Weise, wie wir unsere Nahrungsmittel produzieren, einordnen – sei es durch Jagen und Sammeln, durch die Weidehaltung domestizierter Tiere oder durch den Anbau von Nutzpflanzen. Damit gehen nomadische oder sesshafte Lebensweisen einher sowie die Art der Nahrungsmittel, die wir essen. Wir könnten auch ökonomische Strukturen in diese Kategorie einordnen, ebenso wie religiöse Praktiken und Regierungsformen – bezeichnenderweise jedoch nicht die Existenz einer Regierungsform oder Führungsgruppe überhaupt, die universal oder fast universal zu sein scheint.

In die zweite Kategorie gewisser Unterschiede würde ich die sexuellen Beziehungen einordnen. Viktorianische Anthropologen waren höchst beeindruckt von den Unterschieden zwischen den Einstellungen zur Sexualität in ihrer eigenen Gesellschaft und denen in den von ihnen untersuchten Gesellschaften. Entsprechend neigen wir dazu, Sexualmoral für ein Beispiel von etwas zu halten, das vollkommen kulturrelativ ist. Natürlich bestehen erhebliche Unterschiede zwischen Gesellschaften, die Männern nur eine Ehefrau und solchen, die Männern mehr als eine Ehefrau gestatten. Doch praktisch jede Gesellschaft verfügt über ein Heiratssystem, das Beschränkungen in Bezug auf außerehelichen Geschlechtsverkehr umfasst. Während es zudem Männern, je nach Kultur, erlaubt sein kann, eine oder mehrere Ehefrauen zu haben, sind Heiratssysteme, in denen es Frauen gestattet ist, mehr als einen Ehemann zu haben, äußerst selten, und diese existieren für gewöhnlich auch nur unter besonderen und zeitlich begrenzten Umständen. Wie auch immer die Heiratsregeln im Einzelnen aussehen und wie streng die Sanktionen auch sein mögen: Untreue und sexuelle Eifersucht scheinen ebenfalls universelle Bestandteile des menschlichen Sexualverhaltens zu sein.

In diese Kategorie würde ich auch die ethnische Identifikation sowie ihr Gegenteil einordnen, also Fremdenfeindlichkeit und Rassismus. Ich habe das große Glück, die meiste Zeit meines Lebens in einer multikulturellen Gesellschaft mit einem relativ gering ausgeprägten Grad an Rassismus verbracht zu haben; doch ich weiß, dass bei einer beträchtlichen Anzahl von Australiern durchaus rassistische Gefühle vorhanden sind, die leicht von Demagogen geschürt werden können. Die Tragödie auf dem Balkan[59] hat nur allzu plastisch gezeigt, wie leicht sich ethnischer Hass auch unter Menschen, die jahrzehntelang friedlich miteinander gelebt haben, wiederentfachen lässt. Rassismus kann an- und aberzogen werden, doch rassistische Demagogen halten ihre Fackeln über sehr leicht entflammbares Material.

In die dritte Kategorie der kulturübergreifend geringen Unterschiede würde ich die Tatsache einordnen, dass wir soziale Wesen sind. Damit ist nicht die besondere Form der Gesellschaft gemeint, die stark variieren kann, sondern die Tatsache, dass Menschen, etwa im Gegensatz zu Orang-Utans, im Allgemeinen nicht allein leben. Ebenso unveränderlich ist unsere Sorge um unsere Verwandten. Unsere Bereitschaft, kooperative Beziehungen aufzubauen und wechselseitige Verpflichtungen anzuerkennen, stellt eine weitere universelle Eigenschaft dar. Ich würde zudem die umstrittenere Behauptung vertreten, dass das Vorhandensein einer Hierarchie oder Rangordnung eine nahezu universelle menschliche Tendenz darstellt. Es gibt nur sehr wenige menschliche Gesellschaften, die keine Unterschiede im sozialen Status machen, und sobald Versuche unternommen werden, solche Unterschiede abzuschaffen, tauchen sie in der Tendenz ziemlich schnell wieder auf. Schließlich zeigen sich auch bei Geschlechterrollen relativ geringe Unterschiede. Frauen spielen fast immer die Hauptrolle bei der Versorgung kleiner Kinder, während Männer sehr viel häufiger als Frauen an körperlichen Auseinandersetzungen, sowohl innerhalb der eigenen sozialen Gruppe als auch in Kriegen zwischen Gruppen, beteiligt sind. Männer spielen außerdem tendenziell eine unverhältnismäßig große Rolle bei der politischen Führung der Gruppe. Somit gibt es, jenseits aller kulturellen Unterschiede, gemeinsame menschliche Tendenzen. Natürlich hat die Kultur durchaus auch einen Einfluss auf die Verstärkung oder Abschwächung solcher Tendenzen, die tief in unserer menschlichen Natur verwurzelt sind. Zudem bestehen auch Unterschiede zwischen Individuen. Nichts, was ich festgestellt habe, wird dabei durch die Existenz von Individuen, die sich nicht um ihre Verwandten kümmern, oder von Paaren, bei denen der Mann auf die Kinder aufpasst, während die Frau in der Armee dient, widerlegt, aus dem gleichen Grund, aus dem auch die Feststellung »Männer sind im Allgemeinen größer als Frauen« nicht durch eine große Frau widerlegt wird.

Ich möchte zudem betonen, dass meine grobe Klassifikation des menschlichen Verhaltens keine wertenden Untertöne enthält. Ich behaupte nicht, dass lediglich aus dem Grunde, weil so etwas wie Hierarchien oder männliche Dominanz für fast alle menschlichen Gesellschaften charakteristisch sind, dies daher gut oder akzeptabel ist, oder dass wir nicht versuchen sollten, dies zu verändern. Noch bis vor ziemlich kurzer Zeit war es auch charakteristisch für alle menschlichen Gesellschaften, dass ein beträchtlicher Teil der Frauen bei der Geburt starb, doch niemand zweifelt daran, dass unser Erfolg bei der Veränderung dieser Situation positiv war. Mir geht es daher überhaupt nicht darum, ein »Sollen« aus einem »Sein« abzuleiten[60], sondern darum, zu einem besseren Verständnis davon zu gelangen, was vielleicht notwendig ist, um die angestrebten Ziele zu erreichen.

Wer blind gegenüber den Tatsachen über die menschliche Natur ist, muss mit einer Pleite rechnen. Nehmen wir das Beispiel der Hierarchie. Zu sagen, dass Menschen unter vielerlei Umständen dazu neigen, Hierarchien zu bilden, bedeutet nicht zu sagen, dass es für unsere Gesellschaft richtig ist, hierarchisch zu bleiben; es bedeutet allerdings, vor der Erwartung zu warnen, dass wir die Hierarchie dadurch abschaffen, dass wir die eine besondere Hierarchie eliminieren, die in unserer Gesellschaft herrscht. Leben wir zum Beispiel in einer Gesellschaft mit einer auf Erbaristokratie basierenden Hierarchie und schaffen die Erbaristokratie ab, so wie dies die französischen und amerikanischen Revolutionäre getan haben, werden wir wahrscheinlich feststellen, dass sich eine neue Hierarchie herausbildet, die auf etwas anderem basiert – vielleicht militärischer Stärke oder Vermögen. Als die bolschewistische Revolution in Russland sowohl die Erbaristokratie als auch das Privatvermögen abschaffte, entwickelte sich alsbald eine Hierarchie auf der Basis von Rang und Einfluss innerhalb der kommunistischen Partei, und das wurde zur Grundlage für eine Vielzahl von Privilegien. Die Tendenz, Hierarchien zu bilden, zeigt sich in allen möglichen, belanglosen Weisen in Unternehmen und Bürokratien, wo Menschen großen Wert darauf legen, wie groß ihr Büro ist und wie viele Fenster es hat. Die Position in einer Hierarchie scheint sogar unabhängig von anderen Variablen eine Auswirkung auf Gesundheit und Lebensdauer zu haben.*

* M. G. Marmot [u. a.], »Health Inequalities Among British Civil Servants. The Whitehall II Study«, in: *Lancet*, Nr. 1, 1991, S. 1387–1393; M. G. Marmot / T. Theorell, »Social Class and Cardiovascular Disease. The Contribution of Work«, in: *International Journal of Health*

Die Einsicht, dass diese Tendenz zur Bildung von Hierarchien den Menschen innewohnt, hilft uns zu verstehen, wie es zu der schnellen Abkehr von Gleichheit in der Sowjetunion kommen konnte. Es ist leicht, so wie Trotzki[61] zu sagen, Stalin habe die Revolution »verraten«. Doch bevor Stalin an die Macht kam, hatte Trotzki mit Lenins voller Unterstützung sicherlich auch selbst die Idee des Kommunismus als einer befreienden Kraft mit seiner blutigen Niederschlagung des Kronstädter Aufstands[62] betrogen. In der Tat wurde die kommunistische Bewegung bereits seit Marx selbst von autoritären Figuren beherrscht. So zerstörte Letzterer die Erste Internationale[63], als er sah, dass seine Gegner wahrscheinlich die Kontrolle über die internationale Arbeiterassoziation gewinnen würden. Letztlich geht es jedoch nicht darum, was individuelle Revolutionäre tun. Vielmehr geht es um die Frage, welche egalitäre Revolution nicht von ihren Führern betrogen worden ist. Und warum träumen wir davon, dass die nächste Revolution in irgendeiner Form anders sein wird? All dies beweist nicht, dass Hierarchie gut oder wünschenswert oder sogar unvermeidlich ist, doch es zeigt durchaus, dass ihre Abschaffung bei weitem nicht so einfach ist, wie sich Revolutionäre dies für gewöhnlich vorstellen. Mit diesen Tatsachen muss sich die Linke auseinandersetzen. Hierfür muss sie unsere Natur als Wesen, die sich im Laufe der Evolution entwickelt haben, akzeptieren und verstehen.

Services, Nr. 18, 1998, S. 659–674; R. Wilkinson, *Unhealthy Societies. The Afflictions of Inequality*, London 1996.

Gibt man Holzschnitzern ein Stück Holz und bittet sie, Holzschüsseln aus diesem herzustellen, schnitzen sie nicht einfach nach einem Entwurf los, der angefertigt wurde, bevor sie das Holz überhaupt gesehen haben. Stattdessen werden sie das Material, mit dem sie arbeiten sollen, genau prüfen und ihren Entwurf anpassen, damit er zur Holzmaserung passt. Politische Philosophen sowie die Revolutionäre oder Reformer, die ihnen gefolgt sind, haben allzu oft ihre ideale Gesellschaft oder ihre Reformen ausgearbeitet und sie umzusetzen versucht, ohne viel über die Menschen zu wissen, die ihre Pläne ausführen oder mit ihnen leben müssen. Funktionieren die Pläne dann nicht, machen sie Verräter in ihren eigenen Reihen oder finstere Agenten fremder Mächte für das Scheitern verantwortlich. Stattdessen müssen jene, die eine Gesellschaft umgestalten wollen, die den Menschen innewohnenden Tendenzen verstehen und die eigenen abstrakten Ideale verändern, damit diese zu den Menschen passen.

Es gibt verschiedene Möglichkeiten, um mit den der menschlichen Natur innewohnenden Tendenzen umzugehen. Die Marktwirtschaft beruht auf der Idee, dass man sich nur darauf verlassen kann, dass Menschen hart arbeiten und Eigeninitiative zeigen, wenn sie dadurch ihre eigenen wirtschaftlichen Interessen voranbringen können. Wie Adam Smith[64] es formulierte: »Nicht vom Wohlwollen des Metzgers, Brauers oder Bäckers erwarten wir das, was wir zum Essen brauchen, sondern davon, dass sie ihre eigenen Interessen wahrnehmen.«*

* A. Smith, *The Wealth of Nations*, hrsg. von R. H. Campbell und A. S. Skinner, Oxford 1976, S. 24 [in Kap. II des 1. Buchs, »Of the Principle Which Gives Occasion to the Division of Labour«, dt. hier wiedergegeben nach Adam Smith, »Entstehung und Verteilung des Sozialprodukts«, in: A. S., *Der Wohlstand der Nationen*, Buch 1: *Ent-*

Um unseren eigenen Interessen zu dienen, werden wir uns bemühen, bessere Güter als unsere Konkurrenten oder gleichwertige Güter zu einem geringeren Preis zu produzieren. Daher meinte Smith, dass die eigennützigen Wünsche einer Vielzahl von Individuen wie von einer unsichtbaren Hand zusammengeführt werden, um das Wohl aller zu bewirken. Garrett Hardin[65] drückte diese Sichtweise in seinem Buch *The Limits of Altruism* prägnant aus, als er schrieb, dass die staatliche Politik auf der »unerschütterlichen Einhaltung des obersten Gebots beruhen sollte: Fordere nie eine Person dazu auf, gegen ihr Eigeninteresse zu handeln.«* Die gegenwärtige ökonomische Mode der Unternehmensprivatisierungen und der Einführung von Wettbewerb in früheren staatlichen Monopolbereichen steht im Einklang mit dieser Denkweise. In der Theorie – also in der abstrakten Theorie, ohne jedwede Annahmen über die menschliche Natur zu berücksichtigen – sollte ein staatliches Monopol in der Lage sein, die preiswertesten und effizientesten Versorgungs- oder Transportdienstleistungen oder auch die preiswerteste Versorgung mit Brot bereitzustellen, da ein solches Monopol enorme Größenvorteile hätte und keine Gewinne für seine Eigentümer erwirtschaften müsste. Berücksichtigen wir die weit verbreitete Annahme, dass das Eigeninteresse – oder genauer noch: der Wunsch, sich persönlich zu bereichern – dafür verantwortlich ist, dass Menschen gut arbeiten, ändert sich allerdings das Bild. Wenn die Gemeinschaft ein Unternehmen besitzt, dann profitieren dessen Manager nicht von seinem Erfolg. Ihr eigenes wirtschaftliches Interesse und das des Unternehmens fallen nicht notwendig zusam-

stehung und Verteilung des Sozialprodukts, übers. von Horst Claus Recktenwald, München 1974, S. 17].

* G. Hardin, *The Limits of Altruism. An Ecologist's View of Survival*, Bloomington 1977.

men, und die Folge davon kann bestenfalls Ineffizienz und schlimmstenfalls weitverbreitete Korruption und Diebstahl sein. Wird das Unternehmen privatisiert, so bedeutet das, dass die Eigentümer dafür sorgen, dass das Management entsprechend der Leistung belohnt wird. Entsprechend werden die Manager Maßnahmen ergreifen, um sicherzustellen, dass das Unternehmen so effizient wie möglich arbeitet.

Das stellt eine Möglichkeit dar, unsere Institutionen auf die menschliche Natur oder zumindest auf eine bestimmte Sichtweise der menschlichen Natur zuzuschneiden. Es ist jedoch nicht die einzige Möglichkeit. Selbst wenn Hardins oberstes Gebot gelten sollte, müssen wir immer noch fragen, was wir mit dem Begriff »Eigeninteresse« eigentlich meinen. Oft nehmen wir an, dass es in unserem Interesse liegt, so viel Geld wie möglich zu verdienen, aber es gibt keinen Grund zur Annahme, dass ein Verdienst, der eine moderate Summe übersteigt, zu einer Maximierung der Anzahl der Nachkommen führen wird, die wir in künftigen Generationen hinterlassen. Daher können wir aus evolutionärer Perspektive das Eigeninteresse nicht mit Reichtum gleichsetzen, genauso wenig, wie wir dies von einem anderen Standpunkt aus tun können, der sich eher am gesunden Menschenverstand orientiert. Häufig wird gesagt, dass Geld allein nicht glücklich macht. Das mag banal sein, aber es impliziert, dass es stärker in unserem Interesse ist, glücklich als reich zu sein. Richtig verstanden geht Eigeninteresse über ökonomisches Eigeninteresse hinaus. Die meisten Menschen wünschen sich, dass ihr Leben glücklich, erfüllt oder in irgendeiner Weise sinnvoll ist, und sie erkennen, dass Geld bestenfalls ein Mittel ist, um einen Teil dieser Ziele zu erreichen. Die staatliche Politik muss also nicht auf Eigeninteresse in diesem engen ökonomischen Sinn setzen. Sie kann stattdessen das weitverbreitete Bedürfnis ansprechen, gebraucht zu werden oder nützlich zu sein oder zu einer Gemeinschaft zu gehören – alles Dinge, die sich eher aus der Kooperation mit anderen als aus der Konkurrenz mit ihnen ergeben.

Das moderne darwinistische Denken umfasst sowohl Wettbewerb als auch wechselseitigen Altruismus, was eigentlich nur ein technischerer Begriff für Kooperation ist. Indem sie sich hauptsächlich auf das Wettbewerbselement konzentrieren, gehen moderne Marktwirtschaften von der Idee aus, dass wir alle von Gewinn- und Konkurrenzdrang beherrscht werden. Diese Volkswirtschaften gestalten ihre Strukturen weiterhin so, dass sie unseren Gewinn- und Konkurrenzdrang kanalisieren, damit sie das Wohl aller befördern. Das ist zweifellos besser als eine Situation, in der sie nur das Wohl einiger Weniger befördern. Doch selbst wenn die wettbewerbsorientierte Konsumgesellschaft optimal funktioniert, stellt sie nicht die einzige Möglichkeit dar, um unsere Natur und das Gemeinwohl miteinander in Einklang zu bringen. Stattdessen könnten wir uns bemühen, ein weitergefasstes Verständnis unserer Interessen zu fördern und dabei versuchen, neben der individualistischen und wettbewerbsorientierten Seite auf die soziale und kooperative Seite unserer Natur zu bauen.

3. Konkurrenz oder Kooperation?

Der Aufbau einer kooperativeren Gesellschaft

In jeder menschlichen Gesellschaft wird man sowohl Tendenzen zu Konkurrenz als auch zu Kooperation finden. Das lässt sich nicht ändern, aber vielleicht sind wir in der Lage, das Gleichgewicht zwischen diesen beiden Elementen zu verändern. Amerika ist im 20. Jahrhundert zum Paradebeispiel für eine Konkurrenzgesellschaft geworden, in der das Streben nach persönlichem Wohlstand und danach, es ganz nach oben zu schaffen, allgemein als Ziel aller unserer Handlungen gesehen wird. In Japan sind die Menschen tendenziell gruppenorientierter und neigen weit seltener dazu, sich in den Vordergrund zu drängen. Der beliebte japanische Spruch »Ein herausstehender Nagel wird eingeschlagen« bildet die Antithese zum westlichen Sprichwort »Das Rad, das am lautesten quietscht, bekommt das meiste Fett«. Doch in Amerika lassen sich auch leicht Beispiele für Kooperationen finden – und in Japan wissen die Menschen, wie man sich behauptet und mit Konkurrenten auf eine gesellschaftlich akzeptierte Art und Weise in Wettbewerb tritt. Wenn ich daher über Gesellschaften diskutiere, die eher den Wettbewerb als die Kooperation fördern und umgekehrt, spreche ich von Gesellschaften, die sich dem Grad statt der Art nach voneinander unterscheiden. Die Form von Wettbewerb, die mir dabei vorschwebt, ist vor allem der Wettbewerb auf dem Markt, und somit letztlich der Wettbewerb zwecks Erlangung persönlichen Wohlstands.

Eine kooperative Gesellschaft ist stärker im Einklang mit den Werten der Linken als eine Konkurrenzgesellschaft. Das Eigeninteresse mittels des freien Marktes zu fördern, mag zu einem hohen durchschnittlichen Wohlstandsniveau in Industriestaaten beigetragen haben. Gleichzeitig ist jedoch die Kluft zwischen Arm und Reich größer geworden, und die Unterstützung für die Armen wurde zurückgefahren. Jedes Gerechtigkeitsprinzip, das der Anhebung des Niveaus der am stärksten benachteiligten Gruppen in der Gesellschaft Vorrang einräumt, müsste dies als nicht vertretbar erachten; und aus utilitaristischer Perspektive gesehen bezweifle ich, dass größerer Reichtum für die Mittel- und Oberschicht den Anstieg des menschlichen Elends, der dadurch den Armen beschert worden ist, wettmachen könnte. Sowohl nationale als auch internationale Untersuchungen zeigen geringe Korrelationen zwischen einer Zunahme des Reichtums und einer Erhöhung des Glücks, sobald erst einmal die Grundbedürfnisse befriedigt sind.* Die auf die Spitze getriebene Konkurrenzgesellschaft ermutigt uns, das Eigeninteresse gemäß dem Motto eines T-Shirts zu verstehen, das der Wall-Street-Unternehmer Ivan Boesky[66] (das vermeintliche Vorbild für Gordon Gekko in Oliver Stones Film *Wall Street*) einmal besaß: »Wer das meiste Spielzeug hat, wenn er stirbt, hat gewonnen.« Doch man muss nicht lange nachdenken, um zu erkennen, dass eine Gesellschaft, in der die Menschen vorwiegend danach streben, mit ihren Nachbarn mitzuhalten oder sie zu übertrumpfen, wahrscheinlich keine Gesellschaft ist, in der die meisten Bürger Glück und Erfüllung finden werden. Es fallen auch andere Kosten an, wenn man in einer Gesellschaft lebt, die in Reich und Arm gespalten ist, selbst wenn man das Glück hat, zu den Reichen zu gehören. Wie Robert Bellah[67] und seine Kollegen es in *Habits of the Heart*[68] ausdrückten: »In einem Belagerungs-

* Für einen Forschungsüberblick zu Reichtum und Glück vgl. P. Singer, *How Are We to Live?*, Oxford 1997, S. 59–62 [gemeint ist Kap. 4 »How we came to be living this way«, in der deutschen Ausgabe »Wie wir zu unserer Lebensweise kamen«, in: Peter Singer, *Wie sollen wir leben? Ethik in einer egoistischen Zeit*, München 1999, S. 69–99].

zustand, in dem man allen Fremden misstraut und sein Heim in ein Militärcamp verwandelt hat, kann man kein erfülltes Privatleben führen.«*

Wie können wir eine Gesellschaft aufbauen, die kooperativ ist und ein starkes Sicherheitsnetz für all diejenigen bietet, die nicht in der Lage sind, für ihre eigenen Bedürfnisse zu sorgen? Wie ich bereits erwähnt habe, scheint eine Bereitschaft zur Kooperation Teil unserer natürlichen Anlage zu sein. Die Menschen haben gezeigt, dass sie in der Lage sind, die Vorteile einer Kooperation auch unter den scheinbar aussichtslosesten Umständen zu erkennen. In der festgefahrenen Situation der Grabenkämpfe in Nordfrankreich im ersten Jahr des Ersten Weltkriegs entwickelten einfache Soldaten der gegnerischen Armeen zwischen den offenen Feldschlachten, in denen Zehntausende starben, das außergewöhnliche System, das als »Leben und leben lassen« bekannt geworden ist. Unter stillschweigender Missachtung der Befehle ihrer Vorgesetzten versuchten die Truppen, die sich im Niemandsland gegenüberstanden, für gewöhnlich mit Erfolg, sich nicht gegenseitig zu töten.** Tests in Bezug auf unsere Fähigkeit, Schlüsse zu ziehen, zeigen, dass wir, obwohl wir nicht geschickt im Umgang mit formaler Logik sind, besonders gut darin sind, soziale Verträge und insbesondere die Betrüger zu erkennen, die sie brechen.*** Diese Bereitschaft zur Kooperation ist eine wahrhaft universelle Eigenschaft bei Menschen (und nicht nur bei Menschen – sie gilt auch für andere langlebige intelligente soziale Tiere). Es gibt mittlerweile eine umfangreiche Literatur zu diesem Thema, und ich werde nicht den Versuch unternehmen,

* R. Bellah [u. a.], *Habits of the Heart*, Berkeley 1985, S. 163.

** Vgl. T. Ashworth, *Trench Warfare, 1914–1918. The Live and Let Live System*, New York 1980.

*** Vgl. L. Cosmides, »The Logic of Social Exchange«, in: *Cognition*, Nr. 31, 1989, S. 187–276.

sie an dieser Stelle zusammenzufassen. Ich werde jedoch im Folgenden Robert Axelrods[69] Arbeit zur Spieltheorie näher berücksichtigen, und zwar nicht nur aus dem Grunde, weil sie mit einer darwinistischen Perspektive vollkommen vereinbar ist (tatsächlich heißt Axelrods Buch *The Evolution of Cooperation** und bei einem Kapitel ist der führende Evolutionstheoretiker W. D. Hamilton[70] Mitautor), sondern auch deshalb, weil Axelrods bahnbrechende Arbeit die Umstände untersucht, in denen Kooperation gedeihen kann. Man sollte dieses Werk als Ausgangspunkt für die Entwicklung eines Feldes der Sozialforschung aufgreifen, das den Weg zu einer kooperativeren Gesellschaft aufzeigt.

Das Gefangenendilemma

Axelrods Arbeit beginnt mit der Untersuchung eines bekannten Rätsels in Bezug auf Kooperation, das als »Gefangenendilemma« bezeichnet wird. Es gibt zahlreiche Versionen des Dilemmas. Hier ist meine:

Sie und ein weiterer Gefangener schmachten in getrennten Zellen eines ruritanischen[71] Polizeihauptquartiers. Sie haben keine Möglichkeit, Kontakt mit dem anderen Gefangenen aufzunehmen. Die Polizei versucht Sie beide dazu zu bringen zu gestehen, dass Sie eine Verschwörung gegen den Staat geplant haben. Ein Vernehmungsbeamter bietet Ihnen einen Deal an: Wenn der andere Gefangene weiterhin schweigt, Sie aber gestehen und ihn in Ihrem Verbrechen belasten, so werden Sie freigelassen und er wird für 20 Jahre weggesperrt. Weigern Sie sich jedoch zu gestehen und der andere Gefangene legt ein Geständnis ab, so sind Sie derjenige, der die 20 Jahre bekommt,

* R. Axelrod, *The Evolution of Cooperation*, New York 1984.

und er wird freigelassen. Sie fragen: »Was passiert, wenn beide gestehen?« Der Vernehmungsbeamte erwidert, dass Sie dann beide zehn Jahre bekommen. »Und wenn keiner von uns gesteht?« Widerwillig gibt der Vernehmungsbeamte zu, dass er dann nicht in der Lage sein wird, Verurteilungen zu erreichen, aber man kann und wird Sie beide für weitere sechs Monate unter den Notstandsgesetzen der Regierung festhalten. »Aber bedenken Sie«, so fügt er hinzu, »unabhängig davon, ob der andere Typ singt oder nicht: Sie stehen besser da, wenn Sie es tun – Sie können hier direkt rausmarschieren, wenn er es nicht tut, was besser ist, als hier weitere sechs Monate zu bleiben, und Sie bekommen zehn Jahre statt zwanzig, wenn er es tut. Und vergessen Sie nicht: Wir haben ihm genau denselben Deal angeboten. Also, was werden Sie tun?«

Beim Gefangenendilemma geht es darum, ob man gestehen sollte oder nicht. Ausgehend von der Annahme, dass der Gefangene die geringstmögliche Zeit im Gefängnis verbringen möchte, scheint es so, als wäre es rational, tatsächlich zu gestehen. Unabhängig davon, was der andere Gefangene tut, wird dies zum Vorteil des Gefangenen sein, der gesteht. Doch jeder Gefangene steht vor demselben Dilemma, und sollten beide ihren persönlichen Interessen folgen und gestehen, müssen beide am Ende eine zehnjährige Haftstrafe verbüßen, obwohl sie beide in sechs Monaten hätten draußen sein können!

Für dieses Dilemma gibt es keine Lösung. Es zeigt, dass das Ergebnis rationaler, eigennütziger Entscheidungen von zwei oder mehr Individuen sie alle schlechter dastehen lassen kann als sie dagestanden hätten, wenn sie nicht ihr persönliches, kurzfristiges Eigeninteresse verfolgt hätten. Die individuelle Verfolgung des jeweiligen Eigeninteresses kann kollektiv gesehen kontraproduktiv sein.

Ein solches Ergebnis sollte uns tatsächlich nicht überraschen. Menschen, die mit dem Auto zur Arbeit pendeln, erleben so etwas jeden Morgen. Für alle wäre es von Vorteil, wenn sie, statt im dichten Verkehr zu stecken, ihre Autos stehenlassen und den Bus nehmen würden, der dann zügig über die nicht verstopften Straßen fahren könnte. Doch es liegt nicht im Interesse irgendeines Einzelnen, auf den Bus umzusteigen, denn solange die meisten Leute weiterhin ihr Auto benutzen, sind die Busse sogar noch langsamer als die Autos. Auch Rüstungswettbewerbe folgen derselben Logik wie das Gefangenendilemma: Keine der beiden Seiten hat ein Interesse daran abzurüsten, solange die andere es nicht tut, doch für beide wäre es von Vorteil, wenn sie nicht so viel für Waffen ausgeben müssten. Im realen Leben lassen sich viele weitere Beispiele finden. In den meisten Fällen ist es dabei möglich, die Resultate zu verändern oder das Verhalten der Beteiligten zu koordinieren, um ein besseres Ergebnis zu erzielen. Verkehrsplaner können zusätzliche Busspuren einführen; Rüstungsunterhändler können Inspektionsteams stellen. Das Gefangenendilemma ist ein abstrahiertes, reines Beispiel für das Problem, weil die drohenden Resultate nicht verändert werden können, die Gefangenen nicht in der Lage sind, ihr Verhalten zu koordinieren, und es sich um eine absolut einmalige Situation handelt. Unter solchen Umständen ist eine kooperative Strategie nicht gerechtfertigt, wenn man die ganze Situation unter den Vorzeichen des Eigeninteresses betrachtet. Paradoxerweise kann nur Altruismus den Gefangenen helfen. Für beide ist es von Vorteil, wenn jeder von ihnen nicht nur berücksichtigt, wie lang er im Gefängnis bleiben wird, sondern auch, wie lang der andere Gefangene dort sein wird. Dann können sie beide erkennen, dass keiner von ihnen gestehen sollte, wenn beide die Gesamtzeit verkürzen wollen, die sie im Gefängnis verbringen müssen.

Wenngleich das einmalige Gefangenendilemma unlösbar ist, ändert sich die Situation, wenn sich dieselben Parteien mit

Entscheidungen konfrontiert sehen, die dem Typus wiederholter Gefangenendilemmata entsprechen. Obwohl die Teilnehmenden dann bei jeder Einzelentscheidung besser abschneiden können, wenn sie nicht kooperieren, kann sich die Kooperation über einen längeren Zeitraum dennoch als die bessere Strategie erweisen. Um diese Idee zu überprüfen und herauszufinden, welche Strategie genau die besten Resultate erzielen würde, lud Axelrod an Spieltheorie Interessierte dazu ein, ihre Vorschläge einzuschicken, welche Strategie wohl bei wiederholten Gefangenendilemmata die besten Resultate für die Person, die sie verwendet, erzielen würde. Falls wir den Begriff »kooperieren« verwenden, um zu beschreiben, dass man in der klassischen Gefangenendilemma-Situation schweigt, und den Begriff »abtrünnig werden« als Bezeichnung für das Geständnis, so reichen die möglichen Strategien von »immer kooperieren« bis hin zu »immer abtrünnig werden«; zwischen diesen beiden Extremen liegt eine unendliche Anzahl von Möglichkeiten, einschließlich Zufallsentscheidungen und Entscheidungen, die auf bestimmte Weise darauf reagieren, was der andere Gefangene zuvor getan hat. Nachdem Axelrod die Strategien zugesendet bekommen hatte, ließ er sie in einer Art Jeder-gegen-Jeden-Turnier mittels Computer gegeneinander spielen. Dabei musste jede Strategie gegen jede andere Strategie zweihundertmal antreten. Der Computer zeichnete die Ergebnisse auf, die natürlich davon abhingen, was die andere Strategie jedes Mal tat. Als Gewinner erwies sich schließlich eine einfache Strategie namens »Tit for Tat« (»Wie du mir, so ich dir«). Sie begann jede Begegnung mit einem neuen »Gefangenen« zunächst mit Kooperation. Danach tat sie einfach das, was immer der andere Gefangene unmittelbar zuvor getan hatte. Kooperierte also der andere Gefangene, kooperierte sie ebenfalls, und sie kooperierte weiter, bis der andere Gefangene abtrünnig wurde. In diesem Fall wurde sie dann ebenfalls abtrünnig und fuhr damit so lange fort, bis der andere Gefangene wieder kooperierte. Tit for Tat gewann auch ein zweites Turnier, das Axelrod organisierte, obwohl die Leute, die ihre Strategien einsandten, dieses Mal wussten, dass diese Strategie das vorangegangene Turnier gewonnen hatte, und daher versuchten, sie zu schlagen.

Was man von »Tit for Tat« lernen kann

Der Erfolg einer Strategie bei einem Computersimulationsturnier mag weit abseits vom realen Leben zu liegen scheinen, doch die Linke kann durch Axelrods Arbeit einiges darüber lernen, wie man eine kooperativere Gesellschaft aufbauen kann.

Axelrods Ergebnisse, die durch nachfolgende Arbeiten auf dem Gebiet im Allgemeinen gestützt wurden, können als eine Grundlage für soziale Planungen dienen, die für die Linke reizvoll sein dürften. Seine Untersuchungsergebnisse legen nahe, dass es uns möglich sein sollte, Bedingungen zu schaffen, die sich auf das uns innewohnende Verständnis für die Regeln wechselseitig nützlicher Kooperation stützen und dadurch ermöglichen, dass sich wechselseitig vorteilhafte Beziehungen selbst dort entwickeln und gedeihen, wo dies ansonsten nicht der Fall wäre. Wir haben es hier mit einem Beispiel für die Interaktion zwischen unserer Biologie und unserem gesellschaftlichen Umfeld zu tun, das klar zeigt, dass darwinistische Denkweisen keinen kurzfristigen Egoismus voraussetzen.

Mitglieder der idealistischeren Linken mögen bedauern, dass diejenigen, die der »Tit for Tat«-Strategie folgen, nicht um jeden Preis weiter kooperieren, und zwar unabhängig davon, was passiert. Einem Linken, der Darwin richtig versteht, wird klar sein, dass das so ist, weil Nischen dazu neigen, besetzt zu werden. Gibt es Gras, das gefressen werden kann, so werden sich Pflanzenfresser entwickeln, die in der Lage sind, es zu fressen. Gibt es Pflanzenfresser, die gefressen werden können, so werden sich Räuber entwickeln, die sie jagen. Gibt es in der menschlichen Gesellschaft Möglichkeiten, ein leichtes Leben zu führen, so wird es Menschen geben, die sie finden werden. In Richard Dawkins'[72] Begrifflichkeit: Wo es »Trottel« gibt, gibt es auch »Betrüger«, die dadurch vorankommen, dass sie die Trottel ausnutzen. Der »Trottel« muss dabei gar kein einzelnes Individuum sein – es könnte sich dabei auch um eine Institution oder sogar den Staat handeln. Je leichter es für Betrüger ist, ihr Auskommen zu finden, desto mehr wird es tendenziell von ihnen geben. Eine vordarwinistische Linke würde die Existenz von Betrügern auf die Armut, den Mangel an Erziehung oder auf das Vermächtnis einer reaktionären kapitalistischen Denkweise schieben. Ein darwinistischer Linker hingegen erkennt, dass selbst, wenn sich all diese Faktoren auf das Ausmaß der Betrügereien auswirken können, die einzige dauerhafte Lösung darin besteht, die Bilanz so zu verändern, dass es sich für Betrüger nicht mehr lohnt. Das bedeutet, dass man nicht einfach die andere Wange hinhält.

Wir müssen also darüber nachdenken, wie wir die Voraussetzungen schaffen können, unter denen Zusammenarbeit bzw. Kooperation wächst und gedeiht. Das erste Problem, mit dem man sich auseinandersetzen muss, ist das der Größenordnung. »Tit for Tat« kann nicht in einer Gesellschaft von einander Fremden funktionieren, die sich niemals wieder begegnen werden. Kein Wunder, dass Menschen, die in Großstädten leben, nicht immer die Rücksicht füreinander aufbringen, wie sie in ländlichen Dörfern die Regel ist, in denen die Menschen sich ihr Leben lang schon kennen. Durch welche Strukturen kann die Anonymität der riesigen, hochmobilen Gesellschaften überwunden werden, die in diesem Jahrhundert entstanden sind und im Zuge der Globalisierung der Weltwirtschaft aller Voraussicht nach noch weiter anwachsen werden?

Das nächste Problem lässt sich, wenn überhaupt, sogar noch schwerer überwinden. Falls nichts, was Sie tun, mir wirklich etwas ausmacht, wird »Tit for Tat« nicht funktionieren. Während hier zwar Gleichheit nicht erforderlich ist, entfällt durch ein zu großes Macht- und Wohlstandsgefälle jeder Anreiz für eine wechselseitige Kooperation. Dies spricht stark für die Notwendigkeit, etwas gegen die wirtschaftlichen Entwicklungen in Industrieländern zu unternehmen, die seit dem vergangenen Jahrzehnt oder noch länger die wirtschaftliche Ungleichheit vergrößert haben. Es gibt natürlich genügend Gründe für die Linke, diese Entwicklungen umzukehren und die Situation für die am stärksten benachteiligten Menschen zu verbessern. Doch das Ziel, eine Gesellschaft zu schaffen, die auf wechselseitig vorteilhafter Kooperation gründet, bildet einen weiteren starken Impuls dafür, dies zu tun: Eine Gruppe von Menschen so weit aus der sozialen Gemeinschaft auszuschließen, dass sie nichts mehr zu ihr beizutragen haben, bedeutet, sie in einer Weise von sozialen Praktiken und Institutionen zu entfremden, dass sie mit an Sicherheit grenzender Wahrscheinlichkeit zu Gegnern werden, die eine Gefahr für diese Institutionen darstellen. Die politische Lehre des darwinistischen Denkens des 20. Jahrhunderts unterscheidet sich daher grundlegend vom Sozialdarwinismus des 19. Jahrhunderts. Sozialdarwinisten verstanden die Tatsache, dass die weniger Angepassten auf der Strecke bleiben, eben als die Art, wie die Natur sich der Unangepassten entledigt, und als unvermeidliche Folge des Daseinswettbewerbs. Der Versuch, diesen zu überwinden oder gar seine Bedingungen zu verbessern, war sinnlos, wenn nicht sogar regelrecht schädlich. Eine darwinistische Linke, die die Voraussetzungen für wechselseitige Kooperationen sowie ihre Vorteile versteht, würde demgegenüber danach streben, wirtschaftliche Verhältnisse zu vermeiden, die Außenseiter hervorbringen. In einer Zeit, in der einige Teile der Linken eine engstirnig ökonomische Auffassung von Sozialpolitik akzeptieren, kann uns eine evolutionäre Sicht der menschlichen Psychologie die potentiellen sozialen Kosten für die Abschreibung derjenigen aufzeigen, die als Arbeitskraft zu beschäftigen sich rein ökonomisch betrachtet nicht lohnt. Wenn es durch die ungehemmten wettbewerbsorientierten Marktmechanismen gefährlich wird, nachts durch die Straßen zu laufen, sind die Regierungen gut beraten, in diese Marktkräfte einzugreifen und Beschäftigung zu fördern. Dies könnte mittels Steuervergünstigungen, Fördermitteln oder Direktbeschäftigung für gesellschaftlich nützliche Arbeit erfolgen, je nachdem, was besser dazu beiträgt, die an den Rand der Gesellschaft Gedrängten wieder zurück in die gesellschaftliche Mitte zu holen.

4. Von Kooperation zum Altruismus?

Das Rätsel der Entwicklung des Altruismus

Eine Gesellschaft, die Kooperation fördert, kann die Linke ihren Zielen ein Stück näher bringen. Doch müsste ein darwinistischer Linker tatsächlich Hardins oberstes Gebot akzeptieren, dass wir niemals Menschen dazu auffordern sollten, gegen ihr persönliches Eigeninteresse zu handeln? Ist es wirklich unmöglich für die Linke, zu versuchen, eine Gesellschaft zu fördern, in der es ein starkes Gefühl der Solidarität und der Sorge um das Wohl der anderen gibt, und Möglichkeiten für Menschen, sich für das Wohl der gesamten Gesellschaft oder, sogar noch weiter gefasst, für das Wohl menschlicher und nichtmenschlicher fühlender Lebewesen zu engagieren, wo immer sie leben mögen? Altruismus – also nicht nur Altruismus gegenüber Verwandten oder gegenseitiger Altruismus, sondern echter Altruismus gegenüber Fremden – gibt es tatsächlich. Vor fast 30 Jahren wies Richard Titmuss[73] in *The Gift Relationship* darauf hin, dass die Blutbank vom Altruismus ihrer Spender lebt und eine Möglichkeit darstellt, durch die eine Person einem Fremden etwas Wertvolles schenken kann, ohne dass es dem Fremden ermöglicht würde, sich dafür in irgendeiner Form erkenntlich zu zeigen.* (In Großbritannien wie in vielen anderen Ländern mit freiwilligen Blutspendern und staatlicher Gesundheitsversorgung wird die Bereitstellung von Blut für Patienten, die dieses benötigen, in keiner Weise daran geknüpft, ob der Patient jemals selbst Blut gespendet hat; aus diesem Grunde handelt es sich in diesem Fall

* R. M. Titmuss, *The Gift Relationship. From Human Blood to Social Policy*, London 1970.

um eine wirklich altruistische – und oft private – Handlung, für die es keine Belohnung gibt.) Freiwillige Blutbanken sind aufgrund der steigenden Nachfrage nach Blut unter Druck geraten, und einige Spender müssen aufgrund des Risikos, Krankheiten zu verbreiten, zurückgewiesen werden. Doch alles in allem hat sich das System bewährt. Diese altruistische Praxis findet sich in einer Gesellschaft, die wenig zur Stärkung altruistischer Tendenzen unternimmt und die sie durch ihre Förderung individualistischer Wettbewerbsfähigkeit in mancherlei Hinsicht sogar regelrecht ausbremst.

Das darwinistische Denken legt nahe, dass wir wahrscheinlich nicht natürlich altruistisch veranlagt sind. Wie kann jedoch eine selbstaufopfernde Eigenschaft, die der Gruppe auf Kosten des Individuums nutzt, in einer Gesellschaft überleben? Es scheint, dass Tendenzen zu selbstaufopferndem Verhalten aus dem Genpool eliminiert würden, und zwar unabhängig davon, wie sehr sie der Gruppe nutzen. Doch es könnte Selektionsmechanismen geben, die ein Verhalten fördern, das wie Altruismus aussieht und auch von seinen Beweggründen her altruistisch sein kann, obwohl es dem augenscheinlich altruistischen Individuum unter bestimmten Umständen Vorteile verschafft. Verschiedene soziale Praktiken (von der Wertschätzung durch die Bezugsgruppe bis hin zur Regierungspolitik) können hierbei eine wichtige Rolle spielen, indem sie Belohnungen und Bestrafungen für Verhalten bereithalten, das anderen nutzt oder sie schädigt. Manchmal sind die Belohnungen ziemlich offensichtlich ein Mittel, um einen andernfalls drohenden Verlust an reproduktivem Erfolg auszugleichen. Bei einigen amerikanischen Ureinwohnerstämmen der Great Plains konnte ein Krieger zum Beispiel einen feierlichen Schwur leisten, in einem bevorstehenden Krieg bis zum Tod zu kämpfen. In den Tagen vor dem Kampf durfte er dann mit so vielen bereitwilligen Frauen schlafen, wie er wollte. Schenkten Mädchen während des Ersten Weltkriegs Männern im wehrfähigen Alter in Zivilkleidung weiße Federn,[74] drückten sie damit sicherlich etwas Gleichartiges aus, selbst wenn der reproduktive Lohn nicht ganz so direkt war. Wird umgekehrt Verhalten, das andere schädigt, mit lebenslänglicher Haft oder dem Tod bestraft, ist die drastische negative Folge für den reproduktiven Erfolg offensichtlich. Doch üblicher ist, dass Verhalten, das als positiv bewertet wird, mit gesteigerter Beliebtheit und sozialem Ansehen belohnt wird, während negativ bewertetes Verhalten mit Missbilligung, verringerter Beliebtheit und vielleicht Ausgrenzung bestraft wird. (Dieser Druck, den Maßstäben der Gruppe in Bezug auf gutes oder schlechtes Verhalten zu entsprechen, kann natürlich ebenso für böse wie für gute Zwecke genutzt werden.)

Zugegebenermaßen handeln diejenigen, die anderen nutzen, sofern sie dafür eine Belohnung erhalten oder eine Strafe vermeiden, nicht »altruistisch« in dem Sinne, wie der Begriff in der Evolutionstheorie verwendet wird. Natürlich ist auch wahr, dass diese, sofern sie durch die Aussicht auf den Erhalt einer Belohnung oder die Vermeidung einer Strafe motiviert werden, nicht im normalen Sinne des Begriffs altruistisch handeln, da dieser eher auf die Beweggründe für eine Handlung statt auf ihre Folgen für die reproduktive Fitness abstellt. Doch die beiden Bedeutungen sind unterschiedlich, und es ist möglich, dass eine Handlung altruistisch im alltäglichen Sinne des Begriffs ist, ohne dass sie es in dem in der Evolutionstheorie verwendeten Sinne ist. Eine Person, die sich freiwillig meldet, um mit geistig behinderten Kindern zu arbeiten, *könnte* dadurch anziehender auf das andere Geschlecht wirken und dadurch den eigenen Fortpflanzungserfolg erhöhen. Doch sollte die Person sich nur deshalb freiwillig melden, um den Kindern ein besseres Leben zu ermöglichen, ohne irgendwelche Gedanken oder Erwartungen damit zu verbinden, dass sie dadurch für das andere Geschlecht attraktiver werden könnte, so handelt der oder die Freiwillige altruistisch im alltäglichen Sinn, und das gilt unabhängig davon, welche Folgen die Handlung nun genau haben mag. Im alltäglichen Sinn von Altruismus geht es um bewusste Beweggründe und Erwartungen. Wir sind ziemlich gut darin, diejenigen, die anderen wirklich helfen wollen, von denen zu unterscheiden, die dies aus sonstigen Beweggründen tun. Häufig heben wir uns die größten Belohnungen für diejenigen auf, die keine Belohnungen anstreben, eben weil wir die Bereitschaft, die eigenen Interessen zugunsten anderer zu opfern, fördern möchten, sofern dies aus Sicht der größeren Gruppe offensichtlich von großem Nutzen ist.

Es ist daher falsch zu behaupten, dass die Evolutionstheorie beweist, dass Menschen nicht von dem Wunsch motiviert sein können, anderen zu helfen. Sie beweist nichts dergleichen, und das ist auch gut für die Theorie, da es, wie wir gesehen haben, durchaus Altruismus gegenüber Fremden in Einrichtungen wie der Blutbank gibt. Man muss allerdings zugeben, dass das Opfer, das einem Spender abverlangt wird, nicht sonderlich groß ist, und trotzdem nur eine kleine Minderheit der Menschen Blut spendet – in Großbritannien sind es rund sechs Prozent. Eine Knochenmarkspende verlangt einem Spender hingegen mehr ab – eine Vollnarkose, eine Nacht im Krankenhaus und für eine gewisse Zeit danach noch einige Unannehmlichkeiten. Daher ist es wenig überraschend, dass der Anteil der Menschen, die sich für eine freiwillige Knochenmarkspende für einen Fremden registrieren lassen, niedriger ist als die Zahl derer, die Blut spenden. Dennoch beläuft sie sich in England immer noch auf mehr als 180 000[75] Menschen. Auf der Grundlage der bisherigen Erkenntnisse können Institutionen, die sich auf Altruismus gegenüber Fremden stützen, funktionieren, solange sie sich nicht darauf verlassen, dass ein großer Anteil der Bevölkerung altruistisch handelt – und je größer das Opfer ist, um das man bittet, desto kleiner wird der Anteil der Bevölkerung sein, von dem wir erwarten können, dass er bereit ist, dieses Opfer zu leisten. Doch es ist wichtig, noch besser zu verstehen, was genau Menschen dazu bewegt, Blut oder Knochenmark zu spenden, damit wir die Sozialpolitik auf eine sicherere Wissensbasis in Bezug auf menschliches Verhalten stellen können.

Soziales Ansehen wofür?

Wir leben in einer Wettbewerbsgesellschaft, die Konsum wertschätzt und den sozialen Status am Medieninteresse bemisst. In einer solchen Gesellschaft gibt es kaum eine Verbindung zwischen dem sozialen Status und dem Nutzen, den man für andere erbringt. In seinem vor hundert Jahren verfassten Werk *The Theory of the Leisure Class* zeigte Thorstein Veblen[76], wie die Vermögenden »auffälligen Konsum« und »auffällige Verschwendung« dazu nutzen, um ihren Status zur Schau zu stellen.* Tom Wolfes *The Bonfire of the Vanities*[77] zeigt schön, wie wenig sich daran geändert hat. In einer brillanten Episode beschreibt er, wie der Anleihenhändler Sherman McCoy und seine Frau Judy zu einer Dinnerparty reisen, die nur sechs Blocks von ihrem eigenen Zuhause entfernt in New York stattfindet. Unglücklicherweise ist Judys Kleid nicht dafür ausgelegt, um damit auf der Straße zu laufen. Veblen hätte das gut verstanden, denn, wie er es ausdrückte:

> Um [ihren] Zweck angemessen zu erfüllen, sollten unsere Kleider nicht nur teuer sein, sondern auch allen Beobachtern

* T. Veblen, *The Theory of the Leisure Class*, New York 1889/1994 [vollständiger Titel: *The Theory of the Leisure Class. An Economic Study of the Evolution of Institutions*].

> von vornherein klarmachen, dass wir nicht produktiv zu arbeiten brauchen. [...] Im Großen und Ganzen kann gesagt werden, dass das eigentliche Weibliche der Frauenkleider darin besteht, jede nützliche Betätigung wirksam zu verhindern.*

Laufen ist somit ausgeschlossen. Ein Taxi zu nehmen kommt ebenfalls nicht in Frage, da es sich gesellschaftlich nicht ziemen würde, wenn die anderen Gäste sehen würden, wie die McCoys auf der Fifth Avenue ein Taxi herbeiwinken, um nach Hause zu kommen. Deshalb müssen sie eine Limousine mit Fahrer anmieten, der sie die sechs Blocks fährt, dort vier Stunden wartet und sie dann wieder nach Hause bringt.

Können wir die Sorge um andere stärken, indem wir soziale Statusvorstellungen weg von auffälligem Konsum, hin in eine sozial wünschenswertere Richtung lenken? In Anbetracht all der wirtschaftlichen Kräfte, die die Förderung eines hohen Konsumniveaus begünstigen, wäre das nicht einfach, doch es gibt mehrere Denker, die in diese Richtung gehen. In *The Winner-Take-All Society*[78] argumentieren Robert Frank und Phillip Cook, dass eine Verbrauchssteuer – zahlbar über unsere Einkommenssteuer und nicht als Teil des Preises, den wir bezahlen, wenn wir etwas kaufen – eine deutliche, positive Auswirkung auf die Veränderung von Gewohnheiten der Aufsteiger hätten.** Unabhängig davon, ob sie Recht haben oder nicht: Dieser Idee und weiteren Ideen im selben Bereich sollte man näher nachgehen.

* [Zit. nach: Thorstein Veblen, *Theorie der feinen Leute. Eine ökonomische Untersuchung der Institutionen*, übers. von Suzanne Heintz und Peter von Haselberg, Köln/Berlin 1958, S. 166, 168.]

** Vgl. R. Frank / P. Cook, *The Winner-Take-All Society*, New York 1996.

5. Perspektiven einer heutigen und künftigen darwinistischen Linken

In diesem kurzen Buch habe ich zu skizzieren versucht, wie sich eine darwinistische Linke von der traditionellen Linken, die wir in den vergangenen zwei Jahrhunderten kennengelernt haben, unterscheiden würde. Zum Abschluss möchte ich zunächst in Stichpunkten einige der Besonderheiten zusammenfassen, die meiner Ansicht nach eine darwinistische Linke von vorausgegangenen, alten wie neuen Formen der Linken unterscheiden würde. Es handelt sich um Punkte, die sich eine darwinistische Linke meiner Ansicht nach heute zu eigen machen sollte. Im Anschluss werde ich einen Blick auf weiter in der Zukunft liegende Perspektiven werfen.

Eine darwinistische Linke würde nicht:

- die Existenz einer menschlichen Natur bestreiten und auch nicht darauf beharren, dass die menschliche Natur an sich gut und unendlich formbar ist;
- erwarten, dass sich alle Konflikte und Kämpfe zwischen den Menschen beenden lassen, sei es durch politische Revolution, gesellschaftlichen Wandel oder bessere Erziehung;
- annehmen, dass alle Ungleichheiten auf Diskriminierung, Vorurteil, Unterdrückung oder Sozialisierung zurückzuführen sind. Bei einigen wird das der Fall sein, doch nicht in jedem Einzelfall lässt sich davon ausgehen.

Eine darwinistische Linke würde:

- akzeptieren, dass es so etwas wie eine menschliche Natur gibt und versuchen, mehr über sie herauszufinden, so dass

sich die Politik auf die besten verfügbaren Erkenntnisse darüber, wie Menschen beschaffen sind, stützen kann;
- jeden Schluss vom »Natürlichen« auf das »Richtige« zurückweisen;
- erwarten, dass sich viele Menschen unter verschiedenen Gesellschafts- und Wirtschaftssystemen wettbewerbsorientiert verhalten werden, um ihren eigenen Status zu verbessern, eine Machtposition zu erlangen und bzw. oder ihre Interessen und die ihrer Verwandten zu fördern;
- erwarten, dass ungeachtet des Gesellschafts- und Wirtschaftssystems, in dem sie leben, die meisten Menschen positiv auf ernsthafte Möglichkeiten reagieren würden, in wechselseitig vorteilhafte Formen der Kooperation einzutreten;
- Strukturen fördern, die Kooperation anstelle von Konkurrenz stärken, und versuchen, den Wettbewerb auf sozial wünschenswerte Ziele zu lenken;
- erkennen, dass die Art, in der wir nichtmenschliche Tiere ausbeuten, eine Hinterlassenschaft einer vordarwinistischen Vergangenheit ist, die die Kluft zwischen Menschen und anderen Tieren übertrieb; sie würde daher auf einen höheren moralischen Status für nichtmenschliche Tiere und eine weniger anthropozentrische[79] Auffassung von unserer Herrschaft über die Natur hinarbeiten;
- an den traditionellen Werten der Linken festhalten und den Schwachen, Armen und Unterdrückten zur Seite stehen, doch dabei sehr sorgfältig darüber nachdenken, welche gesellschaftlichen und wirtschaftlichen Veränderungen ihnen tatsächlich zugutekommen würden.

In gewisser Weise ist dies eine stark abgeschwächte Vision der Linken, bei der ihre utopischen Ideen durch eine kühl realistische Auffassung von dem, was erreichbar ist, ersetzt wurden.

Das ist meiner Ansicht nach das Beste, was wir heute tun können – und es ist immer noch eine weit positivere Auffassung als jene, von der viele Linke angenommen haben, dass sie in einem darwinistischen Verständnis der menschlichen Natur enthalten ist.

Wenn wir eine deutlich längerfristige Perspektive einnehmen, könnten möglicherweise auch Bestrebungen weitreichenderer Veränderungen wieder in den Blick genommen werden. Wir wissen nicht, inwieweit wir mit Hilfe unserer Vernunftfähigkeit langfristig die konventionellen darwinistischen Beschränkungen in Bezug auf den Grad des Altruismus, der sich in einer Gesellschaft befördern lässt, überwinden können. Wir sind Vernunftwesen. In anderen Arbeiten[80] habe ich die Vernunft mit einer Rolltreppe verglichen, insofern als wir, sobald wir anfangen zu überlegen, gezwungen sein können, einer Argumentationskette bis zu einem Schluss zu folgen, den wir zu Beginn noch nicht absehen konnten. Die Vernunft ermöglicht uns zu erkennen, dass jeder von uns nur ein Wesen unter vielen ist, die allesamt Wünsche und Bedürfnisse haben, die ihnen wichtig sind, ähnlich wie unsere Bedürfnisse und Wünsche uns wichtig sind. Kann diese Einsicht jemals den Einfluss anderer Teile in unserer im Laufe der Evolution entwickelten Natur überwinden, die der Idee einer unparteiischen Sorge für all unsere Mitmenschen, oder noch besser, für alle empfindungsfähigen Lebewesen entgegenwirken?

Kein geringerer Verfechter des darwinistischen Denkens als Richard Dawkins[81] bietet die Aussicht, dass »bewusst ein reiner, selbstloser Altruismus« von uns kultiviert und gepflegt wird, »etwas, für das es in der Natur keinen Raum gibt, etwas, das es in der gesamten Geschichte der Welt nie zuvor gegeben hat«. Obwohl wir »als Genmaschinen gebaut sind«, so Dawkins, haben wir »die Macht, uns unseren Schöpfern entgegenzustellen«.* Darin steckt eine wichtige Wahrheit: Wir sind die erste Generation von Menschen, die nicht nur versteht, dass wir uns im Laufe der Evolution entwickelt haben, sondern die auch die Mechanismen, durch die wir uns entwickelt haben, und die Art und Weise begreift, wie dieses evolutionäre Erbe unser Verhalten beeinflusst. In seinem philosophischen Meisterwerk *Die Phänomenologie des Geistes* porträtierte Hegel[82] den Höhepunkt der Geschichte als einen Zustand absoluten Wissens, in dem der Geist sich selbst als Geist weiß und daher seine eigene Freiheit erlangt. Wir müssen nicht Hegels Metaphysik folgen, um zu verstehen, dass etwas Ähnliches in den vergangenen 50 Jahren tatsächlich geschehen ist. Zum ersten Mal seit der Entstehung des Lebens aus der Ursuppe gibt es Wesen, die verstehen, wie sie zu dem geworden sind, was sie sind. Für diejenigen, die befürchten, dass sich dadurch die Macht der Regierungen und des wissenschaftlichen Establishments noch verstärkt, scheint dieses Wissen eher eine Gefahr als eine Quelle der Freiheit darzustellen. In einer ferneren Zukunft, die wir heute noch kaum erahnen können, könnte sich dies jedoch als Voraussetzung für eine neue Art von Freiheit erweisen.

* Richard Dawkins, *The Selfish Gene*, Oxford 1976, S. 215 [im Kap. »Meme: the new replicators«, in der Ausg. von 1989 auf S. 191–201, hier S. 201; dt.: *Das egoistische Gen*, erg. und überarb. Neuaufl., mit einem Vorw. von Wolfgang Wickler, übers. von Karin de Sousa Ferreira, Heidelberg [u. a.] 1994, im Kap. »Meme, die neuen Replikatoren«, S. 304–322, hier S. 322].

Zu dieser Ausgabe

Grundlage der Übersetzung ist:

Peter Singer: A Darwinian Left. Politics, Evolution and Cooperation. New Haven: Yale University Press, 2000.

Die Originalanmerkungen von Peter Singer stehen als Fußnoten im Textteil. Ergänzungen in eckigen Klammern sowie die Anmerkungen (S. 76–83) wurden vom Verlag für diese Ausgabe angefertigt. Übersetzungen zitierter Ausschnitte aus anderen Werken stammen von Ute Kruse-Ebeling, sofern in den Fußnoten keine deutsche Ausgabe genannt wird. Die Rechtschreibung wurde hierbei behutsam angepasst.

Anmerkungen

1 Karl Marx (1818–1883), deutscher Philosoph, Gesellschaftstheoretiker, scharfer Kritiker gesellschaftlicher und religiöser Gegebenheiten sowie führender Kopf der Arbeiterbewegung. Seine gemeinsam mit Friedrich Engels (1820–1895) verfassten Theorien zum Kommunismus und Sozialismus sind bis heute Grundlage kontroverser Diskussionen.

2 »*Staatlichkeit* ... Bakunin: Государственность и анархия, 1873 veröffentlicht. – Michail Alexandrowitsch Bakunin (1814–1876), einer der einflussreichsten und wichtigsten Vordenker des Anarchismus.

3 Erste Internationale: die E. I. trug zuerst die Bezeichnung »Internationale Arbeiterassoziation (IAA) und wurde 1864 in London gegründet, um sich als erster internationaler Zusammenschluss von Arbeitergesellschaften »den Schutz, den Fortschritt und die vollständige Emanzipation der Arbeiterklasse« auf die Fahnen zu schreiben – so die Formulierung in Art. 1 der *Allgemeine[n] Statuten und Verwaltungsverordnungen der Internationalen Arbeiterassoziation* (vgl. MEW 17, S. 440–455, hier S. 441).

4 Charles Darwin (1809–1882), britischer Naturforscher, Ethnologe und Evolutionstheoretiker. Er vertrat die Theorie, dass sich Lebewesen durch Variation und natürliche Selektion bzw. Auslese an ihren jeweiligen Lebensraum anpassen, vgl. sein Werk *On the Origin of Species* (dt.: *Über die Entstehung der Arten*) von 1859 sowie hier Anm. 18.

5 des vergangenen Jahres: 1998.

6 Henry Spira (1927–1998), einer der einflussreichsten Tierrechtsaktivisten überhaupt.

7 Trotzkisten: Anhänger von Leo Trotzki (1879–1940), einem der wichtigsten Aktivisten der Russischen Revolution, der im Auftrag Stalins in seinem Zufluchtsland Mexiko ermordet wurde. Der Begriff »Trotzkismus« wurde von Stalin zur Diffamierung politischer Gegner eingeführt, die andere Ansichten über die Rolle der Weltrevolution und der Partei hatten bzw. deren Einfluss beschränken wollten.

8 Fidel Alejandro Castro Ruz (1926–2016), Revolutionär, kubanischer Staatspräsident und Vorsitzender der Kommunistischen Partei.

9 Singer hat 1973 in *The New York Review of Books* eine Rezension zu Stanley Godlovitchs Sammelband *Animals, Men and Morals* geschrieben, die die Überschrift »Animal Liberation« trug (5. April 1973, vgl. http://www.nybooks.com/articles/1973/04/05/animal-liberation/, letzter Aufruf am 18. 4. 2018). Gemeint ist vermutlich diese Besprechung des 1970 herausgegebenen Buches, denn sein eigener Band *Animal Liberation* erschien erst 1975.

10 egalitaristisch: die völlige Gleichheit der Menschen anstrebend.

11 utilitaristisch: Der klassische Utilitarismus geht vom Nutzen einer Handlung für die größtmögliche Anzahl von Menschen aus, um ihre moralische Güte zu bestimmen, nicht aber (wie deontologische Ethiken) von unverrückbaren, feststehenden Lehrsätzen. Singer selbst vertrat in *Practical Ethics* (dt.: *Praktische Ethik*, Dritte Auflage, übers. von Oscar Bischoff, Jean-Claude Wolf, Dietrich Klose und Susanne Lenz, Stuttgart 1984 [u. ö.]) einen Präferenzutilitarismus, der individuelle Vorlieben mit einberechnet.

12 400: Inzwischen besitzen sogar nur acht Männer mehr als die ärmere Hälfte der menschlichen Bevölkerung, Bill Gates führt die Liste laut Oxfam mit 75 Milliarden Dollar an.

13 2,3 Milliarden: heute ca. 8 Milliarden.

14 *The Origin of Species* … Darwin: vgl. Anm. 4 und 18.

15 Herbert Spencer (1820–1903), britischer Philosoph und Soziologe, wandte als Erster die Darwin'sche Theorie auf gesellschaftliche Entwicklungen an.

16 Laissez-faire-Kapitalismus: Bezeichnung einer extremen Form des Liberalismus, der die Einflussnahme des Staates auf die Wirtschaft auf ein Minimum zu reduzieren versucht. Dessen erklärte Gegner waren unter anderem Ferdinand Lassalle (1825–1864), der den Laissez-faire-Liberalismus »Nachtwächterstaat« nannte, John Maynard Keynes (1883–1946), etwa mit seinem Essay »The End of Laissez-Faire«, sowie Alexander Rüstow (1885–1963), unter anderem mit seinen Monographien *Das Versagen des Wirtschaftsliberalismus* und *Die Religion der Marktwirtschaft*.

17 Andrew Carnegie (1835–1919), amerikanischer Industrieller, Stahl-

magnat und Philanthrop (Zitat: »Der Mann, der reich stirbt, stirbt in Schande«), der mehrere hundert Millionen Dollar spendete, was heute einigen Milliarden Dollar entspricht.

18 Überleben der am besten Angepassten: engl. »survival of the fittest«. Lange Zeit wurde »of the fittest« im Deutschen mit »des Stärksten« übersetzt. Dies entspricht jedoch nicht der Grundkonzeption Darwins, denn es könnten auch die Schwächsten oder diejenigen, die sich zu einer Gruppe zusammenschließen, die für die jeweilige Situation am besten Angepassten sein und auf diese Weise überleben.

19 John D. Rockefeller Jr. (1874–1960), Sohn des damals reichsten Mannes der Welt (John D. Rockefeller Sr., 1839–1937), galt wie Andrew Carnegie (vgl. Anm. 17) als Philanthrop. Er spendete insgesamt über 500 Millionen Dollar für wohltätige Zwecke.

20 US Supreme Court: der Oberste Gerichtshof der Vereinigten Staaten, der vor allem über die Verfassungsmäßigkeit von Handlungen der Exekutive und über die Rechtmäßigkeit von Gesetzen entscheidet, die von den Bundesstaaten oder vom Kongress erlassen worden sind.

21 Richter Holmes: Oliver Wendell Holmes Jr. (1841–1935), von 1902 bis zu seiner Pensionierung im Jahr 1932 Richter am Obersten Gerichtshof der Vereinigten Staaten.

22 David Hume (1711–1776), einer der bedeutendsten englischsprachigen Philosophen und Vertreter des Empirismus.

23 Edward Osborne Wilson (* 1929), Insektenkundler (bekannt besonders für seine Arbeiten über Ameisen und deren Duftstoffe), Evolutionstheoretiker und wichtiger Vertreter der Soziobiologie.

24 Albert Einstein (1879–1955), einer der wichtigsten theoretischen Physiker aller Zeiten, der durch seine Forschungen und Entdeckungen das Weltbild nachhaltig veränderte.

25 John Rawls (1921–2002), amerikanischer Philosoph, der 1971 mit *Eine Theorie der Gerechtigkeit* eines der einflussreichsten Bücher der zweiten Hälfte des 20. Jahrhunderts veröffentlichte, das inzwischen allgemein als Klassiker der politischen Philosophie und Ethik bezeichnet wird.

26 Konsequentialisten: Konsequentialistische Theorien bewerten den moralischen Wert von Handlungen aufgrund deren Konsequenzen.

27 Robert Filmer (ca. 1588 – 1653), politischer Vordenker und Philosoph, der in der Zeit des großen Bürgerkriegs in England vehement für das Gottesgnadentum der Monarchie eintrat.

28 »die Fische … kriecht«: vgl. den Schöpfungsbericht, hier: 1. Mo 1,28.

29 Daseinswettbewerb: Darwins »struggle for existence« wurde lange – und so auch z. B. bei Marx – mit »Kampf ums Dasein« übersetzt (vgl. hier auch Anm. 18). Dies gilt in der neueren Forschung als überholt, da die Formulierung u. a. einen gewaltsamen Konkurrenzkampf jeder gegen jeden nahelegt. Dabei können sich bei Darwin auch erfolgreiche Kooperationen oder bestimmte Formen der Schwäche als vielversprechend im Daseinswettbewerb erweisen (vgl. zur Debatte z. B. U. Kutschera, »Charles Darwins ›Kampf ums Dasein‹. Was der Evolutionsforscher wirklich sagen wollte«, http://www.darwin-jahr.de/evo-magazin/charles-darwins-kampf-ums-dasein-was-evolutionsforscher-wirklich-sagen-wollte, letzter Aufruf am 18. 4. 2018).

30 Alfred Tennyson, 1. Baron Tennyson (1809–1892), englischer Dichter.

31 John Maynard Smith (1920–2004), britischer theoretischer Biologe, forschte auf dem Gebiet der evolutionären Spieltheorie.

32 Peter Kropotkin, eigtl. Fürst Pjotr Alexejewitsch Kropotkin (1842–1921), einer der wichtigsten Theoretiker der russischen Anarchisten, Schriftsteller und Geograph.

33 Teleologie: Zielgerichtetheit bzw. zielgerichteter Ablauf.

34 Malthus'scher »Kampf ums Dasein«: Anspielung auf die »Malthusianische Katastrophe« oder »Malthusianische Falle« (engl. *Malthusian crisis* oder *Malthusian nightmare*), ein von Thomas Robert Malthus (1766–1834) entwickeltes Modell für ein mögliches Hemmnis für wirtschaftliches Wachstum: Eine anwachsende Bevölkerung würde eben nicht automatisch zu mehr Produktion und Wohlstand, sondern (da die Bevölkerung exponential, die Lebensmittelproduktion aber linear anwächst) zu mehr Armut führen.

35 lamarckistisch: Die Lamarckisten beriefen sich auf Jean-Baptiste Pierre Antoine de Monet, Chevalier de Lamarck (1744–1829), einen französischen Zoologen und Entwicklungsbiologen. Lamarck vertrat die Theorie, dass sich Lebewesen während ihres eigenen Lebens

durch Veränderung mehr an ihre Umwelt anpassen und diese so erworbenen Eigenschaften beliebig, also auch nicht-genetisch, vererben können.

36 Josef Wissarionowitsch Stalin (1878–1953), Generalsekretär der KPdSU 1922–53, herrschte wie ein Diktator (Säuberungen, Schau- und Geheimprozesse).

37 T.D. Lysenko, eigtl. Trofim Denissowitsch Lyssenko (1898–1976), sowjetischer Agrarwissenschaftler, dessen gefälschte Forschungsergebnisse und haltlose Theorien von Stalin gerne übernommen wurden, jedoch stärkere Hungersnöte und schwache Ernten hervorriefen.

38 *Abhandlung* … Rousseau: Der *Discours sur l'origine et les fondements de l'inégalité parmi les hommes* ist ein Essay des französischen Aufklärers, Pädagogen und Komponisten Jean-Jacques Rousseau (1712–1788).

39 Henri de Saint-Simon (1760–1825) lebte von den Resten seines Vermögens als freier Schriftsteller und Philosoph und wandte sich vehement gegen Nichtarbeiter (also z. B. Adelige oder den Klerus), die sich nicht an der Produktion von Dienstleistungen und Gütern beteiligten. Marx widersprach dem von ihm vertretenen Frühsozialismus.

40 Charles Fourier (1772–1837), Frühsozialist und entschiedener Kritiker der Auswüchse des frühen Kapitalismus.

41 15 Jahre … veröffentlichte: gemeint ist also die Passage aus Marx' *Ökonomisch-philosophischen Manuskripten* von 1844; Darwins Werk stammt von 1859.

42 von Thomas Malthus vorgelegten Bevölkerungstheorie: vgl. Anm. 34.

43 Lenin, eigtl. Wladimir Iljitsch Uljanow (1870–1924), russischer Politiker, Revolutionär und wichtiger Theoretiker, u. a. 1822–24 Regierungschef der von ihm begründeten Sowjetunion.

44 Mikhail Fedorowitsch Nesturkh (1895–1979), sowjetischer Anthropologe und Primatenforscher.

45 John Burdon Sanderson Haldane (1892–1964), Genetiker und theoretischer Biologe, einer der Begründer der Populationsgenetik.

46 John Maynard Smith: vgl. Anm. 31.

47 Robert Trivers (* 1943), amerikanischer Soziobiologe und Evolutions-

biologe, erlangte besonders durch sein Konzept des reziproken Altruismus (gegenseitige Selbstlosigkeit) Bekanntheit.

48 Richard Charles »Dick« Lewontin (* 1929), amerikanischer Evolutionsbiologe und Genetiker, der maßgeblich an der mathematischen Untermauerung der Evolutionstheorie und der Populationsgenetik beteiligt war.

49 Pol Pot (1925/28–1998), Diktator Kambodschas von 1975 bis 1979.

50 Castro: vgl. Anm. 8.

51 Kibbuzim: Plural von Kibbuz, israelische, ländliche Kollektivsiedlung mit basisdemokratischer Struktur, deren Bewohner ihr gesamtes Eigentum ausnahmslos teilen.

52 John Locke (1632–1704), einer der wichtigsten frühen englischsprachigen Philosophen.

53 Derek Freeman (1916–2001), eigtl. neuseeländischer Anthropologe.

54 Margaret Mead (1901–1978), amerikanische Ethnologin, galt durch ihre Forschungen lange auch als Wegbereiterin der sexuellen Revolution, bis ihre Vorgehensweise allgemein immer stärker in Kritik geriet.

55 Franz Boas (1858–1942), deutschstämmiger amerikanischer Geograph, Physiker, Sprachwissenschaftler und Ethnologe.

56 heute: 1999.

57 vor 25 Jahren: 1974. Das genannte Buch von E. O. Wilson erschien 1975.

58 vor 15 Jahren: 1983.

59 Tragödie auf dem Balkan: gemeint sind die Jugoslawienkriege, besonders die Bosnien-Kriege von 1992–95.

60 ein »Sollen« aus einem »Sein« abzuleiten: häufig mit David Hume (vgl. Anm. 22) in Verbindung gebracht. Die Wendung besagt, dass man vorschreibende (präskriptive) Aussagen bzw. Regeln nicht aus der Beschreibung von Realität ableiten darf (»Sein-Sollen-Fehlschluss«).

61 Trotzki: vgl. Anm. 7.

62 Kronstädter Aufstands: Aufstand russischer Matrosen 1921 in Kronstadt, die eine Demokratisierung Russlands und die Beschneidung der von ihnen als diktatorisch empfundenen Machtausübung der Kommunistischen Partei Russlands unter dem Motto »Alle Macht den Sowjets – Keine Macht der Partei« forderten: Der Aufstand

wurde durch die Rote Armee blutig niedergeschlagen und die Aufständischen ebenso wie Unbeteiligte im Anschluss hingerichtet, sofern sie sich nicht nach Finnland absetzen konnten.

63 Erste Internationale: vgl. Anm. 3.

64 Adam Smith (1723–1790), Philosoph und Begründer der klassischen Nationalökonomie. Von ihm stammt der Begriff der »unsichtbaren Hand«, der die vollständige Selbstregulierung der Wirtschaft über Angebot und Nachfrage auf dem Markt bezeichnet.

65 Garrett James Hardin (1915–2003), amerikanischer Ökologe und Mikrobiologe.

66 Ivan F. Boesky (* 1949), amerikanischer Börsenspekulant, erhielt 1986 wegen verbotener Insidergeschäfte eine dreijährige Haft- sowie eine Geldstrafe in Höhe von 100 Millionen Dollar. Letztere beglich er umgehend, da er zuvor ein Aktenpaket in Höhe von 440 Millionen Dollar verkaufte. Von ihm stammt die Wendung »Greed is all right!« (freier übersetzt: »Geiz ist geil!«).

67 Robert Neelly Bellah (1927–2013), amerikanischer Soziologe.

68 *Habits of the Heart*: vollständiger Titel: *Habits of the Heart. Individualism and Commitment in American Life* (›Gewohnheiten des Herzens. Individualismus und soziales Engagement im amerikanischen Leben‹).

69 Robert Marshall Axelrod (* 1943), amerikanischer Politikwissenschaftler und einer der wichtigsten Begründer der *rational choice theory* (Theorie der rationalen Entscheidung).

70 Hamilton: William Donald »Bill« Hamilton (1936–2000), britischer Biologe, leistete bahnbrechende theoretische Arbeit in Bezug auf die genetische Basis für die Theorie der Verwandtenselektion. Beteiligt ist er in Axelrods Buch am fünften Kapitel »The Evolution of Cooperation in Biological Systems« (dt.: »Die Evolution der Kooperation in biologischen Systemen«), S. 88–105.

71 ruritanisch: Ruritanien ist ein fiktives Königreich und Handlungsort des 1894 erschienenen Abenteuerromans *The Prisoner of Zenda* (dt: *Der Gefangene von Zenda*) von Anthony Hope (1863–1933).

72 Richard Dawkins (* 1949), britischer Zoologe und Evolutionsbiologe, außerdem Autor erfolgreicher populärwissenschaftlicher Literatur.

73 Richard Morris Titmuss (1907–1973), britischer Ökonom und Sozialwissenschaftler, gründete das Fach Sozialpolitik an der London School of Economics.

74 Schenkten Mädchen ... weiße Federn: Während des Ersten Weltkriegs wollten und sollten Britinnen durch das Schenken von weißen Federn bisher nicht eingezogene Männer und Kriegsverweigerer zum Dienst an der Front auffordern. Eine weiße Feder galt als Schmach und trieb somit viele, darunter auch völlig ungeeignete junge Männer, zum Kriegsdienst an die Front.

75 in England ... 180 000: bis 2016 stieg diese Zahl auf 1,3 Mio.

76 Thorstein Veblen (1857–1929), norwegischstämmiger amerikanischer Ökonom und Soziologe, der vor allem in seinen drei Werken *Theory of the Leisure Class*, *Theory of Business Enterprise* und *Instinct of Workmanship* scharfe Kritik an der Oberklasse übte und besonders im englischsprachigen Bereich sehr populär war.

77 Tom Wolfes ... *Vanities*: *The Bonfire of Vanities* (dt. *Fegefeuer der Eitelkeiten*) ist ein 1984–85 zuerst in der Zeitschrift *Rolling Stone* erschienener Fortsetzungsroman des amerikanischen Autors, Journalisten und Kunstkritikers Tom Wolfe, eigtl. Thomas Kennerly Wolfe Jr. (* 1931).

78 *The Winner-Take-All-Society*: Der vollständige Titel lautet: *The Winner-Take-All-Society. Why the Few at the Top Get So Much More Than the Rest of Us*; dt. etwa: ›Die Alles-oder-Nichts-Gesellschaft. Warum die wenigen an der Spitze so viel mehr bekommen als der Rest von uns‹. »Winner-Take(s)-All« ist eine Strategie bzw. ein Verfahren, bei dem der Sieger alles gewinnt und der oder die Gegner vollständig leer ausgehen.

79 anthropozentrisch: Der Mensch als Mittelpunkt der Welt.

80 In anderen Arbeiten: Etwa in Peter Singer, *The Expanding Circle. Ethics, Evolution and Moral Progress*, Princeton 2011 (zuerst 1981 erschienen mit dem Untertitel *Ethics and Sociobiology*).

81 Richard Dawkins: vgl. Anm. 72.

82 *Phänomenologie* ... Hegel: *Die Phänomenologie des Geistes* von 1806/07 ist das Hauptwerk des deutschen Philosophen Georg Wilhelm Friedrich Hegel (1770–1831), einem der wichtigsten Vertreter des deutschen Idealismus.

Darwin unter Linken: Das naturalistische Fundament politischer Solidarität

Von Sascha Benjamin Fink

Derzeit ertönt die Melodie im politischen Orchester, ob auf bundesweiten oder internationalen Bühnen, von rechts. Während der Linken in der Presse Mattheit diagnostiziert wird – sie habe das Mantra der Alternativlosigkeit zum derzeitigen System und die Unabwendbarkeit eines auf Wachstum orientierten ökonomischen Kalküls allzu sehr verinnerlicht, weswegen sie ihre Kraft zu Impulsen und Alternativen verspiele –, ist die Rechte salonfähig. Viele geben vor, dies zu bedauern. Warum kommt aber trotz entschiedenem Befremden, ja: Abneigung gegenüber den neuen Rechten die Linke kaum als Kooperationspartner, Stichwortgeber oder Alternative in Frage? Warum wirkt die Linke in vielen Augen zahnlos, antiquiert, uninspiriert, nicht wählbar?

Peter Singers *A Darwinian Left: Politics, Evolution and Cooperation*, hier erstmals in deutscher Übersetzung, bietet sowohl eine treffende Diagnose als auch eine Radikalkur für die kränkelnde Linke.

Welche »Linke«?

Was soll »die Linke« sein, die hier neu gedacht wird? In seiner Charakterisierung verhindert es Singer geschickt, alte Grabenkämpfe der Linken wieder anzufachen. Statt einer Anbindung an Marx, Lenin, Trotzki, Stalin, Mao oder Bakunin wird ein gemeinsames Banner gesucht, unter dem sich die zersplitterte Linke wieder vereint: Es geht um die direkte Solidarität der Starken mit den Schwachen einer Gesellschaft. Diese Ausrichtung wird als notwendig und hinreichend dafür verstanden, links zu sein: Wer sich diesem Ideal der Solidarität verschreibt, ist links; wer es ablehnt oder einschränkt, ist es eben nicht.

Die Charakterisierung allein über Solidarität scheint jedoch problematisch, denn: Es ist nicht klar, was unter dem Begriff der Solidarität genau zu verstehen ist. Jedoch ist der Kontrastfall eindeutig: Andere für den eigenen Vorteil auszunutzen oder dies in Kauf zu nehmen, ist nicht solidarisch.

Doch Singers Charakterisierung birgt weitere Vagheiten: Wo beginnt Gesellschaft? Ab wann gehört man zu den Starken? Ab wann ist Solidarität nicht mehr direkt? Obwohl diese Begriffe vage sind, gibt es wiederum paradigmatische Fälle an jedem Ende des Spektrums: Wahlfähige Erwachsene sind paradigmatische Mitglieder der Gesellschaft – Mobiltelefone und Bakterien nicht; Milliardäre gehören zu den Starken – Obdachlose zu den Schwachen; lehre ich Flüchtlinge Deutsch, bin ich direkt solidarisch – unterstütze ich Flüchtlingsunterkünfte allein durch Steuern, bin ich höchstens indirekt solidarisch.

Vorteile der Minimaldefinition

Obwohl unteranalysiert und vage, kann diese Minimaldefinition klare Anwendungsfälle vorweisen. Und sie bietet gerade wegen ihrer Minimalität Vorteile. Lassen Sie mich drei nennen, die teils über Singer hinausgehen:

Erstens wird die Linke hier mehr durch eine bestimmte Einstellung als durch eine Anbindung an historische Vordenker charakterisiert. Dieser Wechsel ist zu begrüßen, denn der Personenkult der Linken ließ sie häufig unkritisch erscheinen und machte sie angreifbar für *ad hominem*-, also Scheinargumente. Historische Forderungen wie die Verstaatlichung der Schlüsselindustrien, die Abschaffung und Zensur einer Intelligentsia oder, wie im kommunistischen Manifest gefordert, die Auflösung von klassischen Familienverhältnissen finden heute kaum breiten Rückhalt oder sind sogar in ihren Begrifflichkeiten schwer anwendbar. Wichtig ist, dass die teils bizarren Forderungen des *Kommunistischen Manifests*, die Rechtsverletzungen des deutschen Sozialismus, die Verbrechen Stalins, Pol Pots oder Maos *begrifflich* trennbar sind vom linken Ziel der Solidarität. Charakterisiert die Linke statt Geschichte, Vordenker und deren bevorzugter Methoden also ein *Ziel* – wie eben Solidarität –, so kann sie historisch motivierte Kritiken abweisen und in den Mitteln zur Erreichung dieses Ziels flexibel sein: Eine solche zielorientierte und ahistorische Minimallinke kann jeweils diejenigen Mittel wählen, die politisch anbindungsfähig sind.

Zweitens zeigt diese Minimaldefinition unerwartete Verwandtschaften mit Strömungen auf, die klassischerweise nicht als »links« gelten. Solidarität bildet beispielsweise ebenso den Kern des Utilitarismus. Dieser bestimmt das, was getan werden soll, dadurch, was zur Wahrung der Interessen, der Maximierung des Glückes oder der Minimierung des Leidens der meisten beiträgt. Das eigene Handeln wird so immer im Lichte seiner Auswirkungen auf andere bewertet. Auch lassen sich in der Rückschau historische Bewegungen als »links« recharakterisieren: Abolitionisten, die für die Abschaffung der Sklaverei kämpften, erfüllen diese Bedingung ebenso wie Suffragetten, die für die Rechte der Frauen einstanden, sowie die frühen Tierrechtler des 18. und 19. Jahrhunderts. Die »Linken im Geiste« sind somit zahlreicher als angenommen.

Die ungewöhnlichste Überlappung ergibt sich wohl mit dem Effektiven Altruismus (EA), der danach fragt, wie sich das Gute, das man in der Welt bewirken kann, am effektivsten maximieren lässt. Der Fokus lag dabei anfangs weniger auf der Veränderung staatlicher Strukturen als auf Handlungen von

Individuen innerhalb bestehender Strukturen. Entsprechende Grundfragen lauten etwa: Welchen Karriereweg sollte ich wählen? An wen sollte ich spenden und wie viel? Wie sollte ich essen, einkaufen, verreisen, investieren? EA hat einige Anhänger unter Hedgefonds-Managern, professionellen Pokerspielern und anderen Spitzenverdienern gefunden – der britische Philosoph William MacAskill (* 1987) empfahl als Effektiver Altruist sogar explizit eine Karriere in der Hochfinanz, um mit mehr Geld für Spenden mehr Gutes zu tun. Unter anderem aus diesem Grunde gilt EA vielen als Gegenbewegung zur Linken. Dennoch zeichnet die Bewegung starke Solidarität mit den Schwächsten der Gesellschaft aus. Man kann EA als eine Weiterentwicklung der Linken verstehen, die Skepsis gegenüber der Effektivität staatlicher Eingriffe entwickelt hat.

Drittens wird die politische Sphäre durch eine Erweiterung des Gesellschaftsbegriffs ausdehnbar, was seit jeher kennzeichnend für die Linke war. Historische Vorläufer erweiterten den Kreis der Mitglieder einer Gesellschaft um Nicht-Weiße und Nicht-Männer. Die klassische Linke suchte den Zusammenschluss über nationale Grenzen hinweg. Heute ist die Speziesgrenze die am meisten umkämpfte – das Ziel ist die Solidarität mit nichtmenschlichen Tieren. Die Front der Zukunft könnte in der Überwindung der Biogrenze bestehen, um mögliche künstliche Intelligenzen unter gesellschaftlichen Schutz zu stellen. Der soziale Fortschrittsdrang der Linken wird in dieser Minimaldefinition gut fassbar.

Ein Silberstreifen am Horizont? Eine Reevaluation

Die von Singer skizzierte Linke ist also offensichtlich weit weniger ermattet, unflexibel, rückwärtsgewandt und antiquiert – und spricht ebenso wenig nur eine Minderheit an. Warum strauchelt die Linke dann so? Singers Antwort ist so einfach wie schlagend: Das Fundament der klassischen Linken ist unvereinbar mit einem naturalistischen Weltbild. Und genau aus diesem Grund kann sie in einer Gesellschaft wie der unsrigen, die sich an den Naturwissenschaften orientiert, keine Anbindung finden.

Dass der Mensch ausschließlich Produkt seiner sozioökonomischen Umstände, ansonsten aber ohne eigene Prägung ist, stellt den Kern des klassisch linken Menschenbildes dar. Darin begründen sich auch linke Herangehensweisen an soziale Probleme: Wenn wir die sozialen Umstände ändern, dann muss sich vor diesem Hintergrund auch der Mensch ändern. Dieser Optimismus gegenüber der unbegrenzten Kraft sozialer Umstrukturierung und die zugrundeliegende Anthropologie des historischen Materialismus stehen jedoch in radikaler Spannung zu unserer heutigen naturalistischen Sicht auf den Menschen. Der Naturalismus sagt uns: Als Affen sind wir immer noch stark von unserer zufälligen Entstehungsgeschichte als soziale, in kleinen Hierarchien lebende Säugetiere bestimmt; spezifische kognitive Architekturen, Verhaltensweisen und Denkmuster sind dadurch unumstößlich in uns verankert. Aufgrund unseres biologischen Erbes sind wir also keineswegs uneingeschränkt formbar. Das Weltbild der klassischen Linken und der Naturalismus stehen einander entsprechend unversöhnlich gegenüber. Die historische Reaktion des Kommunismus und Sozialismus auf diesen Konflikt war, wie Singer beschreibt, die passende Umdeutung und Verfälschung evolutionärer und biologischer Fakten. Eine politische Position aber, die das naturwissenschaftliche Weltbild nicht ernst nimmt, kann selbst nicht ernst genommen werden.

Singers paradox erscheinender Vorschlag besteht nun darin, die Linke eng an das darwinistische Menschenbild anzubinden. Dies kann jedoch nicht bedeuten, linke Politik als naturgemäß darzustellen oder direkt aus Naturgegebenheiten abzuleiten. Denn der Darwinismus selbst gibt keinerlei Wertung gegenüber bestimmten Gesellschaftsordnungen ab – aus Fakten lassen sich keine Normen ableiten. Stattdessen schlägt Singer vor, linke Positionen von der Warte des Naturalismus aus zu reevaluieren und Vorschläge für deren Umsetzung und Analysen von Problemen aufgrund empirischer Evidenzen zu entwickeln. Anders ausgedrückt: Es ist Zeit für eine darwinistische Linke.

Singers eigenes Werk hat vielzählige Anbindungen an diese angesprochenen Grundthemen: von seinen frühen Auslegungen Marx' und Hegels, dem einflussreichen Buch *Die Befreiung der Tiere* (in dem die Speziesgrenze als moralisch irrelevant dargestellt wird) über die Arbeiten zum Utilitarismus und zur Evolution moralischen Verhaltens bis zu neueren Büchern zum Effektiven Altruismus. *Linke, hört die Signale!* wirkt damit als programmatisches Vermittlungsstück zwischen unterschiedlichen Strömungen in Singers Gesamtwerk und verdeutlicht die politische Schlagkraft seiner Philosophie.

Die hier angestoßene Reevaluation der Linken aus der Sicht des Naturalismus besteht im Überdenken linker Utopien. Denn nur die Utopien, die unserer Natur nicht zuwiderlaufen, stellen geeignete Kandidaten für eine Realisierung dar. Ein Beispiel: Eine vollkommen klassenlose Gesellschaft wird von einer Spezies, die inhärent nach Hierarchien strebt, nie ganz erreicht werden können. Eine Gesellschaft, in der niemand versucht, den eigenen Verwandten Vorteile zu verschaffen, ist mit einer Spezies, die wie wir aufwendige Brutpflege betreibt, nicht umzusetzen; das Maß, in dem dies zum Nachteil anderer beiträgt, kann jedoch eingeschränkt werden. Eine realistische Utopie muss demnach unsere evolutionsgeschichtlich bestimmten Grunddispositionen einberechnen. Die Utopien der darwinistischen Linken werden sich entsprechend von denen der klassischen Linken unterscheiden – unter anderem dadurch, dass sie zumindest prinzipiell umsetzbar sind, da sie nicht gegen anthropologische Fakten anlaufen müssen.

Spieltheorie und Nudging

Wie setzen wir aber diese neuen Utopien um? Eine darwinistische Linke wird sich auch hier eher von empirischen Disziplinen als historischen Vordenkern leiten lassen. Lassen Sie mich zwei über Singer hinausgehende, weitere Anknüpfungspunkte nennen, nämlich die evolutionäre Spieltheorie sowie Nudging.

Evolutionäre Spieltheorie untersucht die rationalisierbare Interaktion zwischen Individuen in spezifisch strukturierten Umwelten, von einzelnen Cocci-Bakterien in unserem Mund bis zu Affenhorden. Es zeigt sich dabei, dass wir trotz unseres starken biologischen Erbes in unserem Verhalten durch bestimmte Umweltfaktoren formbar sind. Es ist jedoch keineswegs klar, welche Faktoren sich genau wie auswirken. Brian Skyrms (* 1938) zeigt beispielsweise in *The Stag Hunt and the Evolution of a Social Contract*, wie durch das Verhalten direkter Nachbarn der Wille zur Kooperation entweder beflügelt oder gänzlich zunichtegemacht werden kann. Unsolidarisches Verhalten, so zeigt sich in diesen Studien, ist leider sehr viel leichter zu fördern als altruistisches. Aber egoistische Grundtendenzen können durch die richtige Verteilung altruistischer Nachbarn unterdrückt werden. Diese Erkenntnisse, dass prosoziales Verhalten sich eben nur in bestimmten Nischen bewähren kann und dass diese Nischen durch soziale Faktoren wie lokale Nachbarschaft geprägt werden, zeigen, auf welche Weise Evolutionstheorie fruchtbare Impulse für Sozialpolitik geben kann, von der Lokalisierung von Sozialprojekten bis zur Verhinderung ungezügelter Gentri- oder Ghettofizierung.

Evolutionäre Spieltheorie ist nur dann anwendbar, wenn echte Interaktion vorliegt. In vielen Fällen von Verhalten – gegenüber Armen in anderen Ländern, nichtmenschlichen Tieren im Schlachthof oder gegenüber noch ungeborenen Generationen – ist jedoch unsere Interaktion so indirekt, dass sowohl Kooperation als auch Gegenseitigkeit ausgeschlossen sind. Wir können aber einsehen, dass wir im Sinne von Solidarität selbst diesen Fernsten gegenüber Pflichten haben. Als Affen, die wir letztlich immer noch sind, leiden wir jedoch unter nur rudimentärer Impulskontrolle, so dass wir solchen Einsichten oft nur schwer folgen können. Kleine Umgestaltungen der Umwelt erleichtern dies jedoch, teils sogar ohne unsere Wahlmöglichkeiten einzuschränken. Der Professor für Rechtswissenschaft Cass Sunstein (* 1954) und der Wirtschaftswissenschaftler Richard Thaler (* 1945) nennen im Rahmen ihrer Theorie des »paternalistischen Liberalismus« solche Umgestaltungen »Stupser« (*nudges*), weil sie Eigenheiten unserer evolvierten, kognitiven Architektur ausnutzen, um uns dazu zu stupsen, eine bestimmte Wahl zu bevorzugen. Beispielsweise bevorzugen wir räumliche und zeitliche Nähe. Die vegetarische Alternative in öffentlichen Kantinen also *vor* dem Fleischgericht anzubieten, würde zu weniger Tierleid führen. Denn in dieser Anordnung der Speisen greifen wir zu mehr vegetarischem Essen. Eine darwinistische Linke könnte nun solche Stupser verwenden, um kontraintuitive, aber effektive Vorschläge für die Umsetzung ihrer Ziele vorzulegen. Da diese zudem unsere Wahlmöglichkeiten nicht einschränken würden – Fleisch wird ja immer noch angeboten –, wäre sogar dem liberalen Lager die Grundlage für einen Angriff wegen paternalistischer Bevormundung entzogen.

Wie würde eine darwinistische Linke Probleme identifizieren? Aus Sicht der klassischen Linken gelten Ungleichheiten oft als Symptome gesellschaftlicher Ungerechtigkeit – beispielsweise die ungleiche Verteilung von Männern und Frauen in Führungspositionen. Eine darwinistische Linke würde jedoch davon ausgehen, dass es auch natürliche Ungleichheiten geben kann, ohne dass daraus automatisch Ungerechtigkeiten folgen: Nicht jede soziale Ungleichheit muss ausgemerzt werden, so Singer.

Dies scheint mir eine der heikelsten Stellen dieses Buches zu sein, denn man könnte diese Passagen missverstehen und zu einem biologisch fundierten Chauvinismus umdeuten. Das Beispiel soll jedoch vielmehr zeigen, was vor der Folie des Naturalismus als Evidenz für Ungerechtigkeit zählen kann. Ungleichheit allein ist es eben nicht, denn manche biologische Differenz kann natürlicherweise zu Unterschieden und Ungleichheiten auf sozialer Ebene führen. Eine Ungleichheit in der Anzahl männlicher im Vergleich zu weiblichen Führungskräften allein bietet somit noch keine Evidenz für Ungerechtigkeit, denn sie könnte auf der natürlichen Differenz der Geschlechter basieren. An diesem Punkt müssen jedoch auch andere Faktoren beachtet werden. Mehrere Studien belegen, dass eine Bewerbung unter einem männlichen Namen gegenüber derselben unter weiblichem Namen bevorzugt wird. Die Ökonominnen Claudia Goldin (* 1946) und Cecilia Rouse (* 1963) wiesen dies sogar für die Beurteilung von musikalischen Performances bei der Besetzung von Orchesterstellen nach. Hier lässt sich die Ungleichheit zwischen Frauen und Männern nicht auf unterschiedliche biologische Dispositionen der Geschlechter, sondern auf den Sexismus derjenigen zurückführen, die Stellen besetzen und dabei mehr auf Geschlecht denn auf Eignung achten. Eine Darwinistin kann daher blinder Gleichmacherei gegenüber skeptisch sein; sie sucht stattdessen nach spezifischen Evidenzen dafür, dass die Unterschiede, die wir vorfinden, keine Basis in der Natur haben, um sie als soziale Ungerechtigkeiten herauszustellen und zu bekämpfen.

Um die Linke also zu darwinisieren, müssten zuerst Utopien entwickelt werden, die mit dem darwinistischen Menschenbild kompatibel sind, um dann Wege für deren Umsetzung aufgrund unserer besten empirischen Theorien zu finden. Aktuelle Ungleichheiten müssten daraufhin untersucht werden, ob sie sich auf natürliche Unterschiede zurückführen lassen – und falls nicht, werden sie als zu bekämpfende Ungerechtigkeiten klassifiziert. Eine solche darwinistische Linke könnte ihren historischen Ballast hinter sich lassen und sich als weitreichend anschlussfähig erweisen. Sie wäre flexibel, impulsgebend, zukunftsfähig.

Folgen des neuen Weltbildes

Die Anbindung an den Naturalismus zeigt für die Linke jedoch auch ein Grundproblem auf: Ihr Ziel einer Gesellschaft, in der wir uns mit den Schwächsten ohne Ausreden und Abstriche solidarisch zeigen, muss – konsequent zu Ende gedacht – mit radikalen Veränderungen und Absenkungen des Lebensstandards eben derjenigen einhergehen, die derzeit zu den Starken gehören. Im internationalen Vergleich gehört dazu eben auch die westliche Mittelschicht – im Vergleich mit allen Tieren eben auch die Spezies Mensch als Ganzes. Dass viele von Auto, Smartphone, Urlaub, Steak und Kleidung *à la mode* in jeder Saison nicht abrücken wollen, zeigt das Dilemma der Linken von einer anderen Seite auf: Einerseits muss die Linke uns Konsumenten dazu bringen, sie zu wählen, um die Umsetzung linker Utopien angehen zu können; andererseits bedeutet jeder Sieg einer konsequenten, darwinistischen, antispeziezistischen Linken auf lange Sicht eine Absenkung unseres materialistischen Lebensstandards. Die ablehnende Grundreaktion auf das linke Ideal ist leider nur zum Teil intellektuell – sie ist ebenso emotional.

Natürlich ist auch diese emotionale Ablehnung in unserer Natur begründet: Als Spezies, die spät geschlechtsreif wird und sich aufwändig um die eigenen Nachkommen kümmert, fühlen wir uns von allem bedroht, was Ressourcen für uns oder unsere Nächsten verknappen könnte. Auch sind wir durch unsere Evolutionsgeschichte in Kleinstgruppen nur in geringem Maße zu Fernstenliebe in der Lage. Und der unsere Emotionen kontrollierende Teil des Gehirns, der präfrontale Kortex, ist immer noch zu unterentwickelt, um solche tief verwurzelten Emotionen zuverlässig im Zaum halten zu können. In *The Expanding Circle* weist Singer jedoch darauf hin, dass uns aber eben auch die Gabe zu echtem altruistischem Verhalten gerade durch unseren Hang zu Hordenbildung innewohnt, die durch intellektuelle Einsicht gefördert werden kann: Indem wir uns beispielsweise nicht als zu dieser Familie Gehörende, als Bayern, als Deutsche, sondern als Weltbürger, als Menschen, als Tiere erkennen, können wir echtes Mitleid mit Bürgern anderer Staaten, anderen Menschen überhaupt sowie anderen nichtmenschlichen Tieren empfinden und entsprechend unser Verhalten ändern, um uns ihnen gegenüber so altruistisch zu verhalten wie unseren Nächsten.

Die Linke intellektuell an den Darwinismus anzubinden, hilft allein nicht, die skizzierte emotionale Hürde zur uneingeschränkten Solidarität zu überwinden. Dieser Weg müsste eben auch von einer Veränderung des Menschen begleitet werden: Eine darwinistische Linke müsste sich für Schulungen des Geistes einsetzen, die es uns erlauben, unsere affektiven Grundimpulse unter die Herrschaft rationaler und abstrakter moralischer Einsicht zu bringen. Dies ist möglich und realistisch. Im Lichte einer solchen Praxis kann sich die neue Linke dann gegenüber ihren politischen Alternativen behaupten.